ERWACHSENE ABENTEUERSPIELE

LABYRINTHE FÜR ERWACHSENE

ActivityCrusades

Veröffentlicht von Speedy Publishing Canada Limited

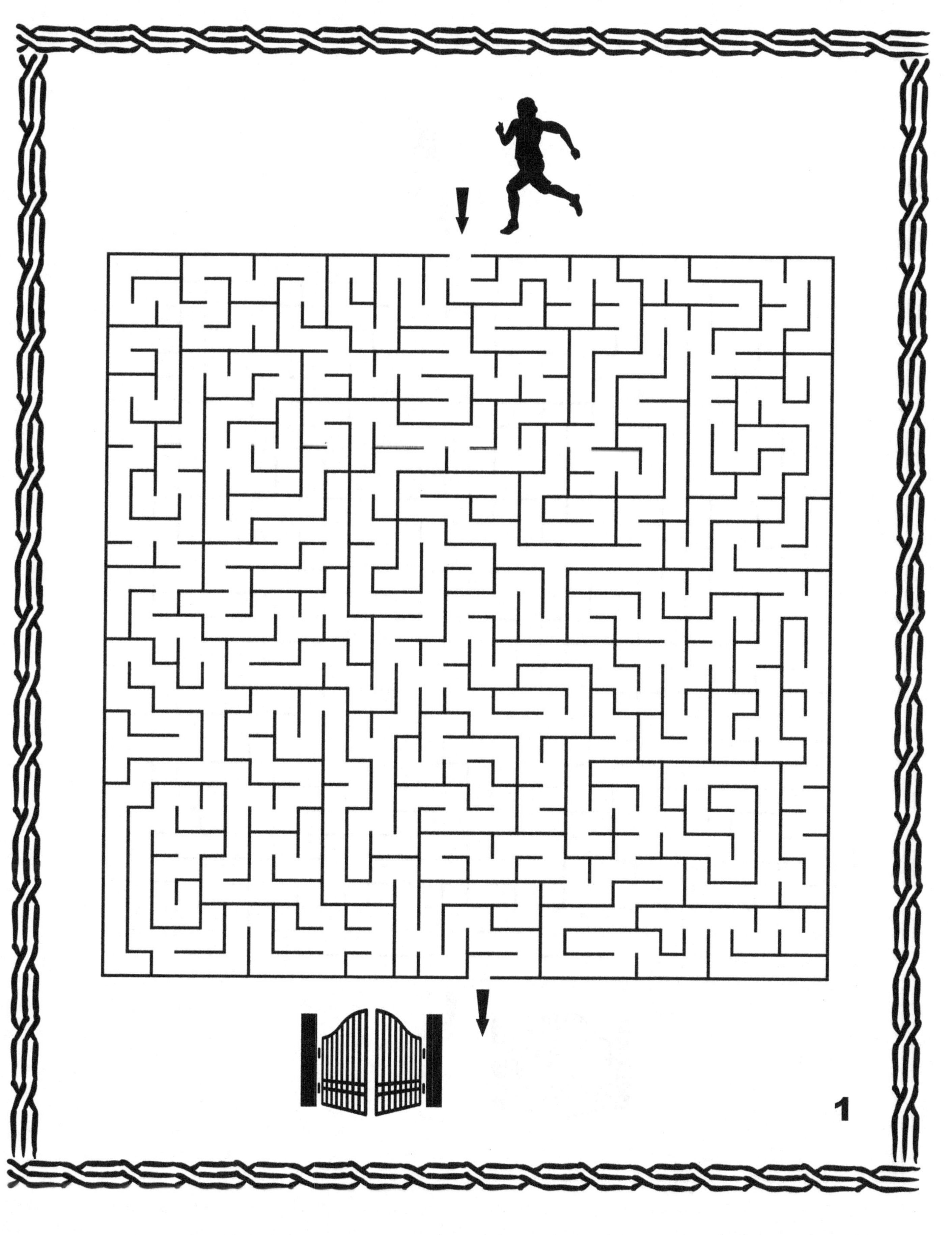

1

2

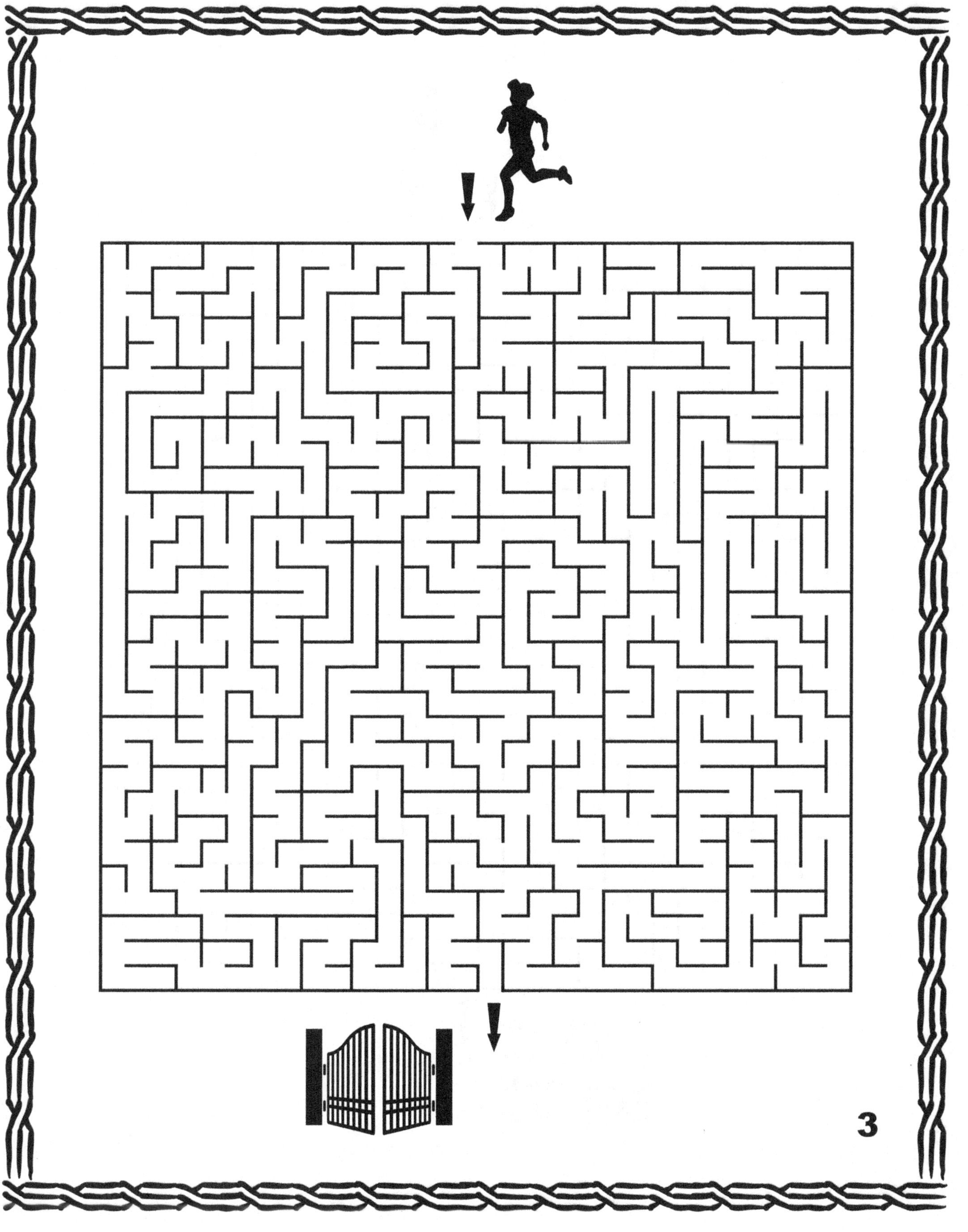

4

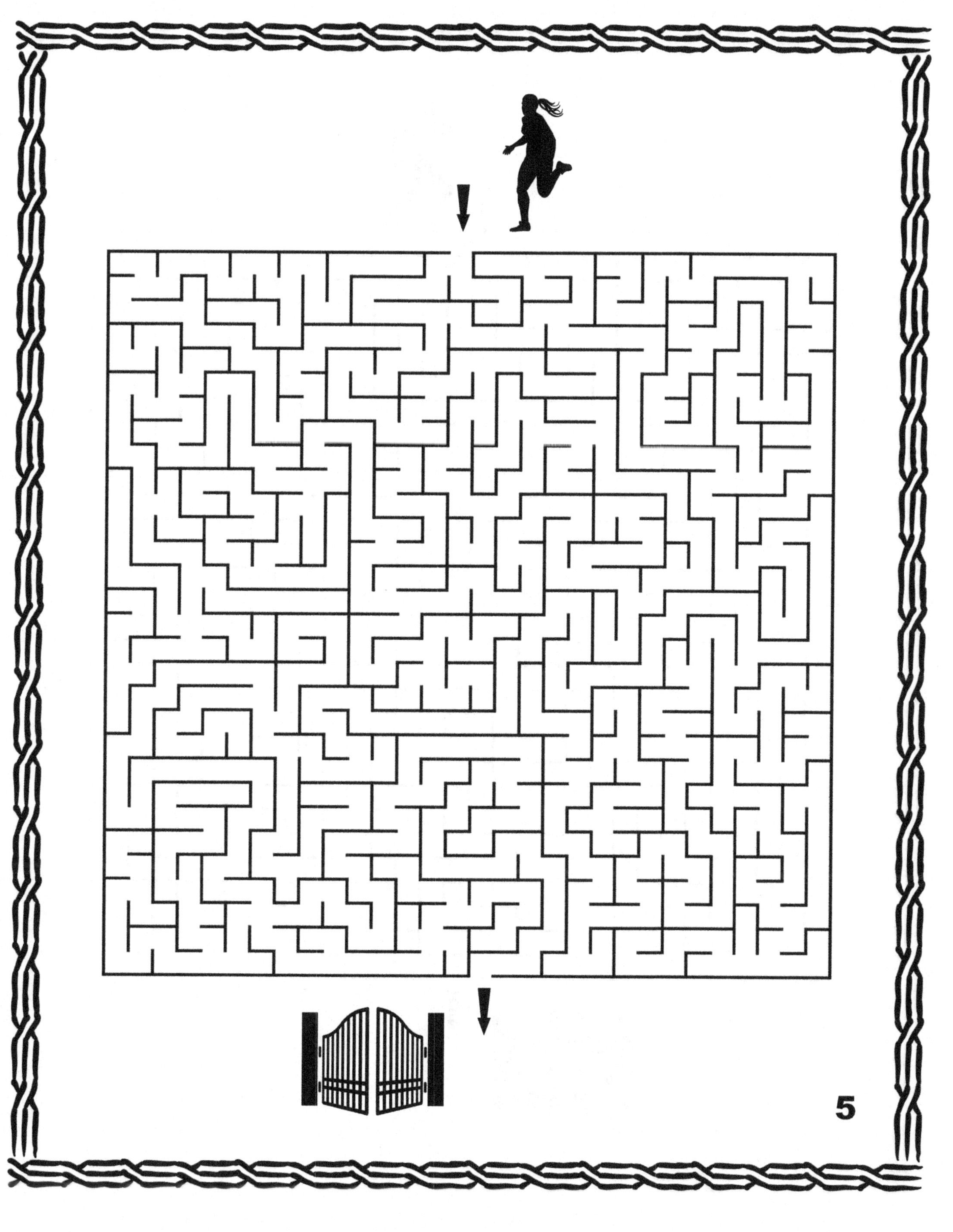

6

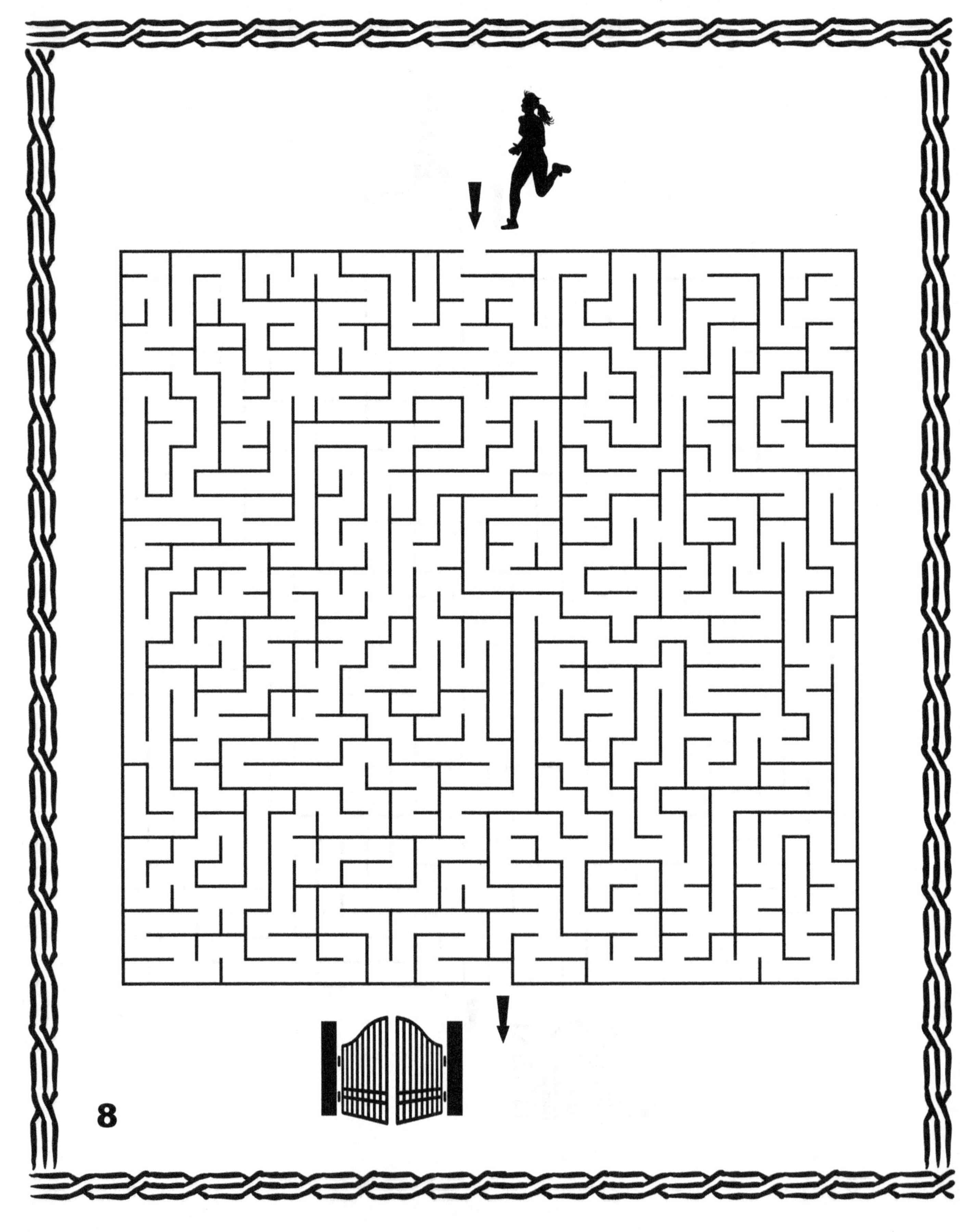

8

9

14

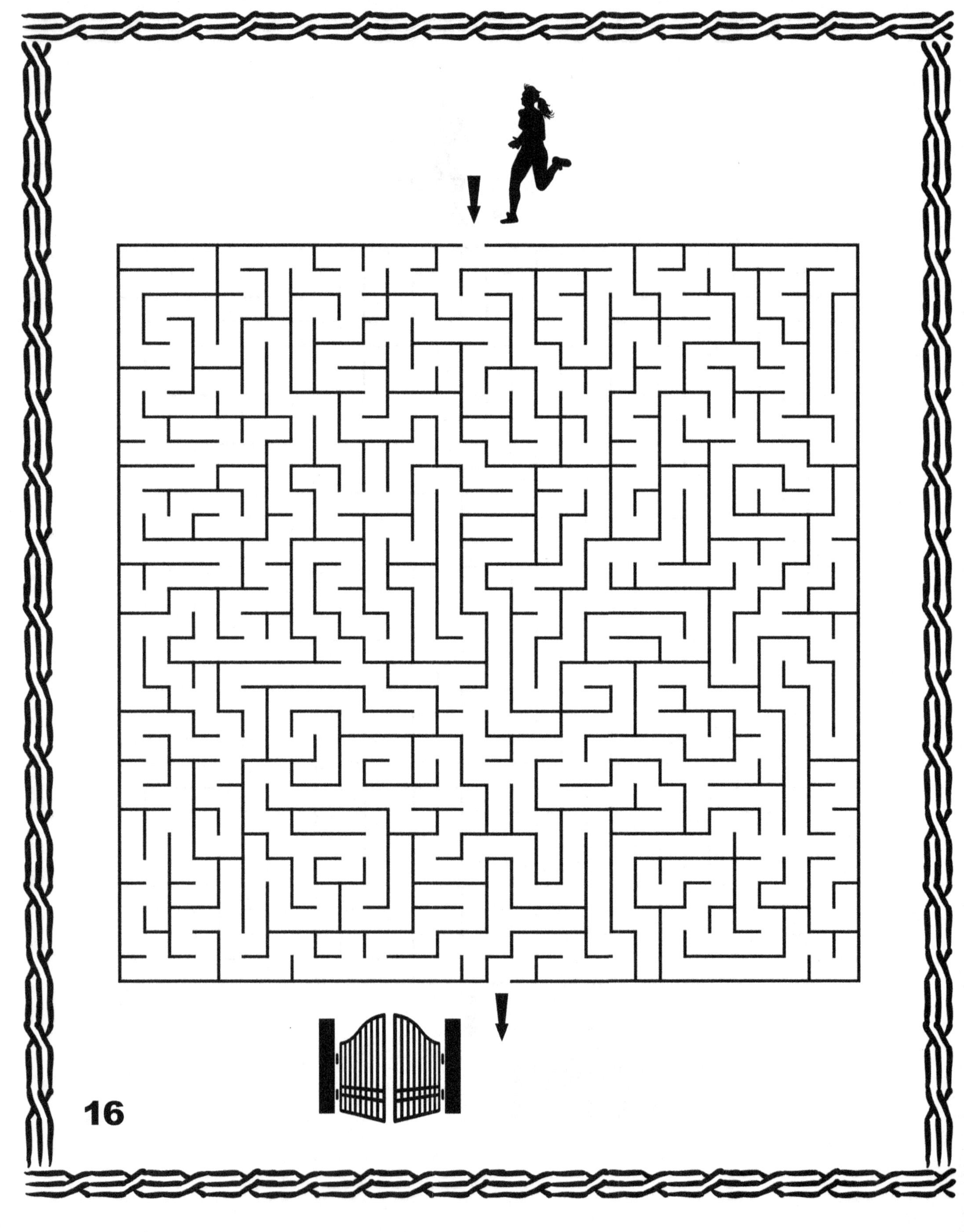

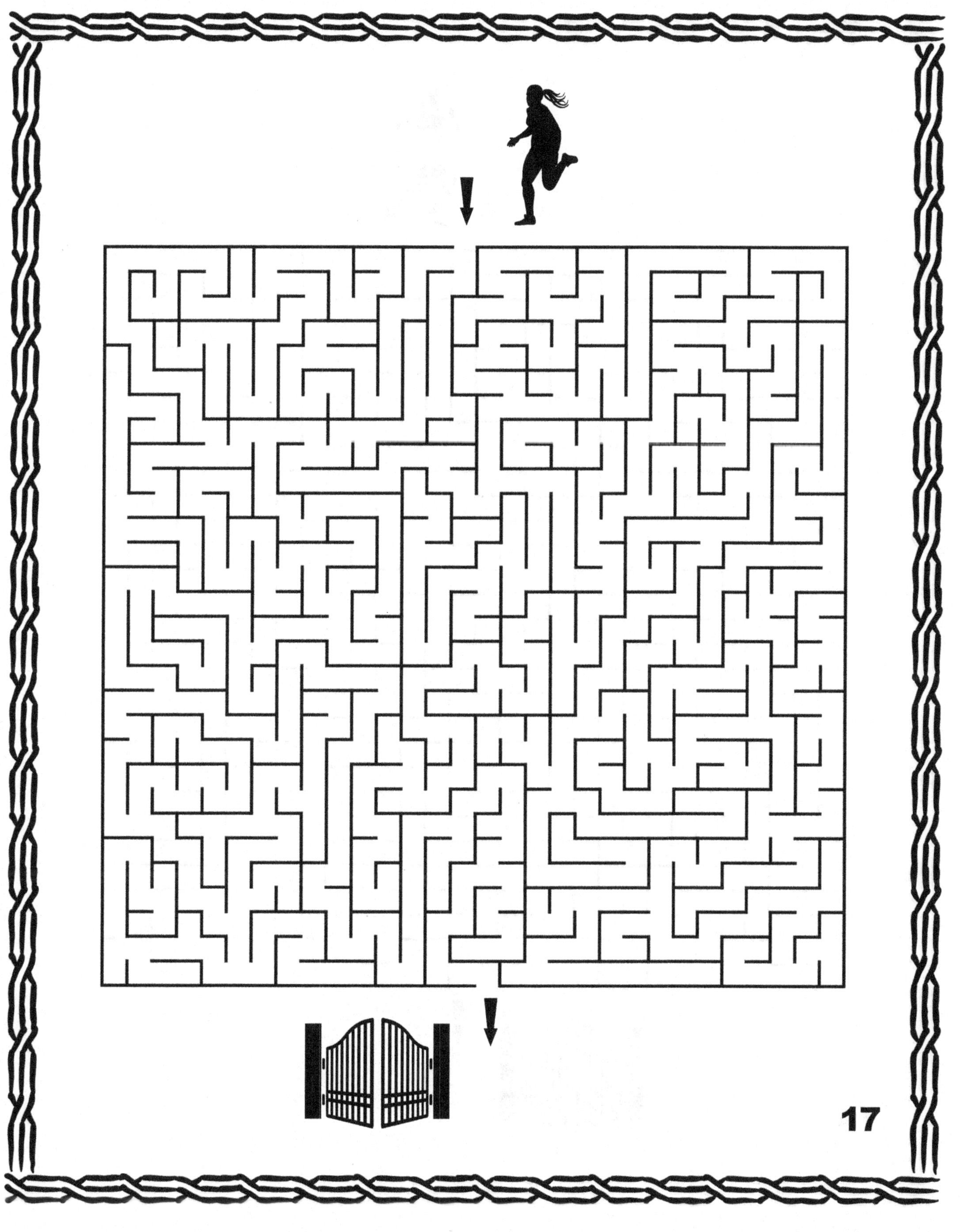

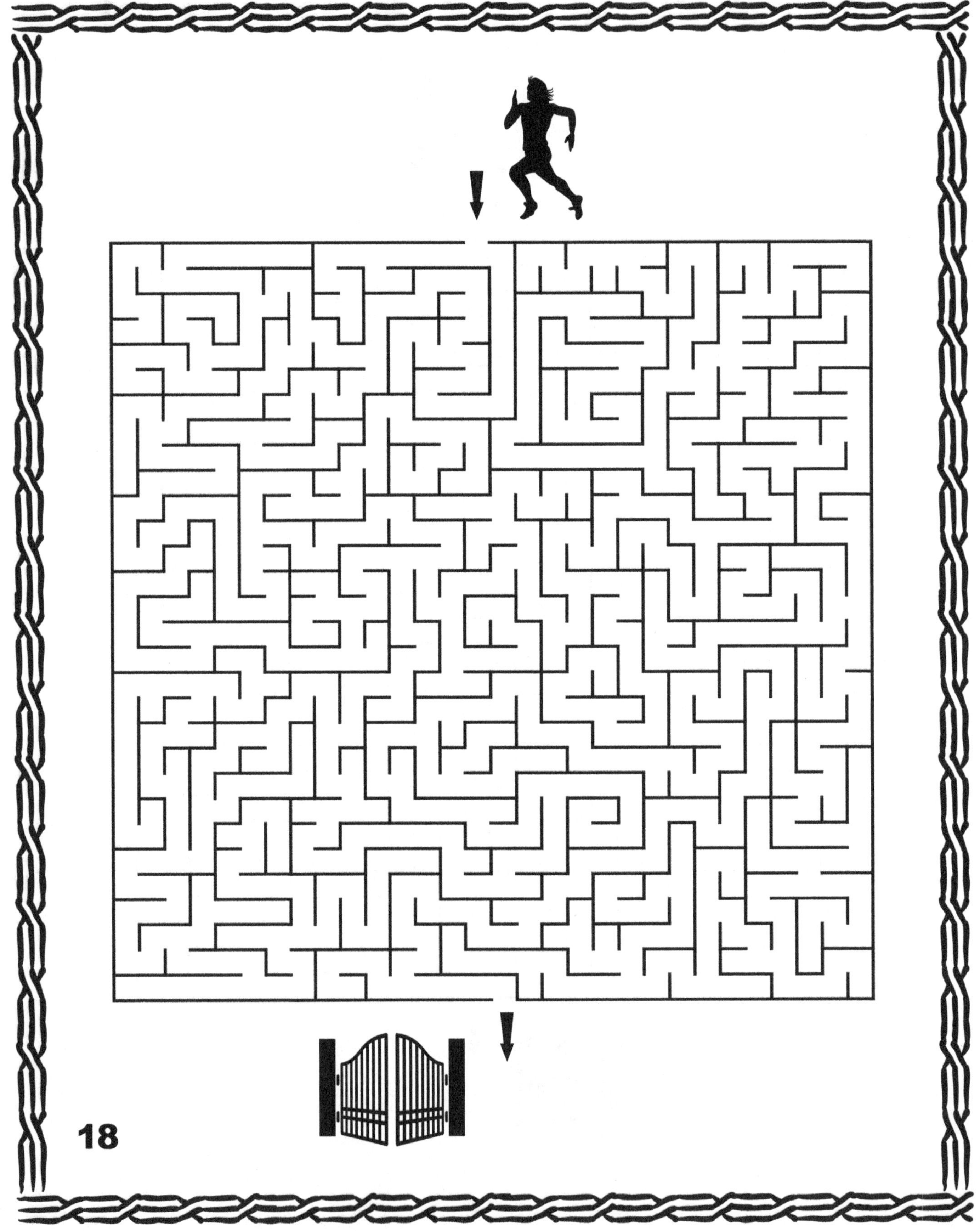

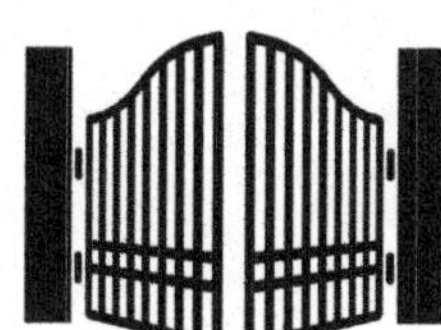

23

24

28

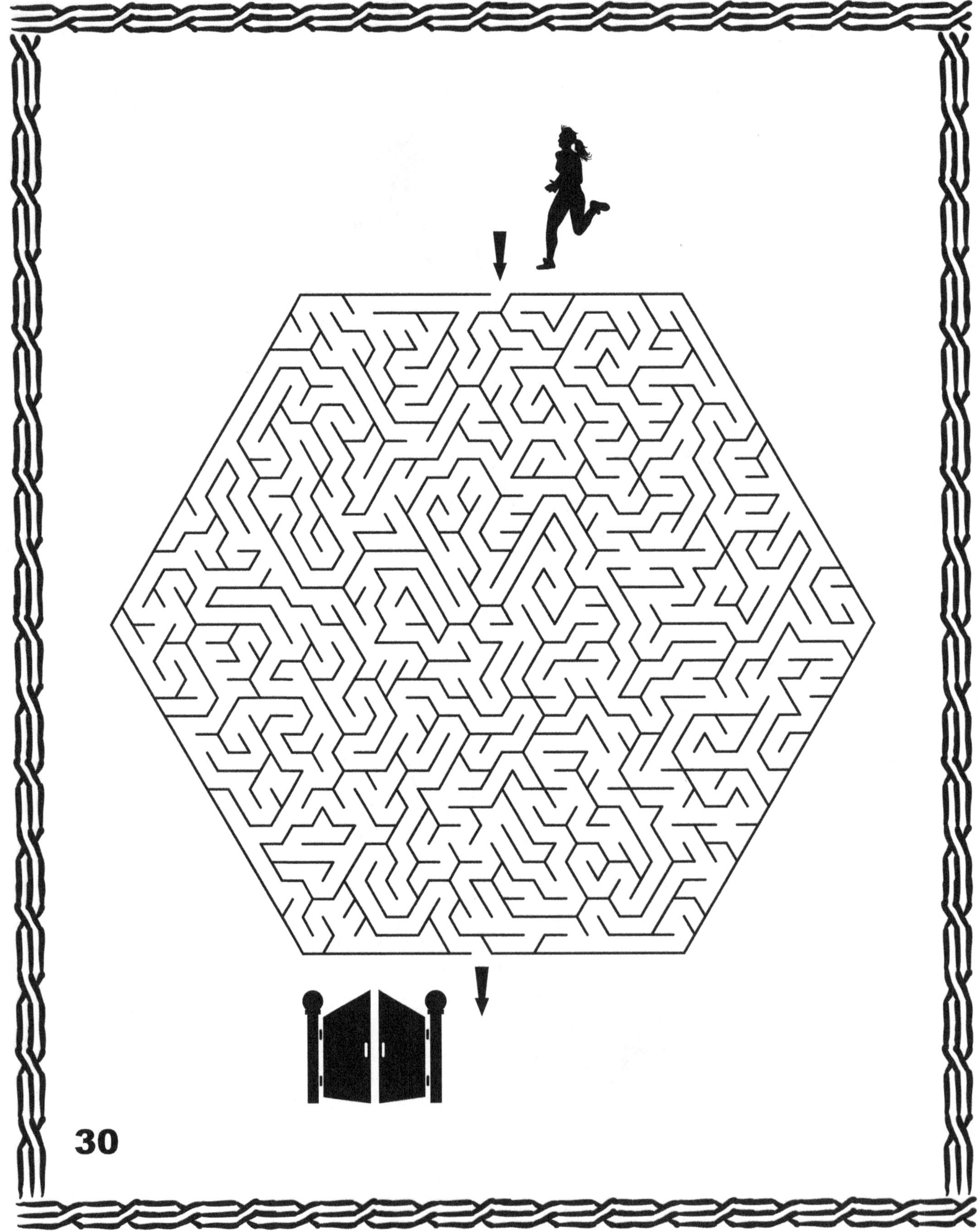

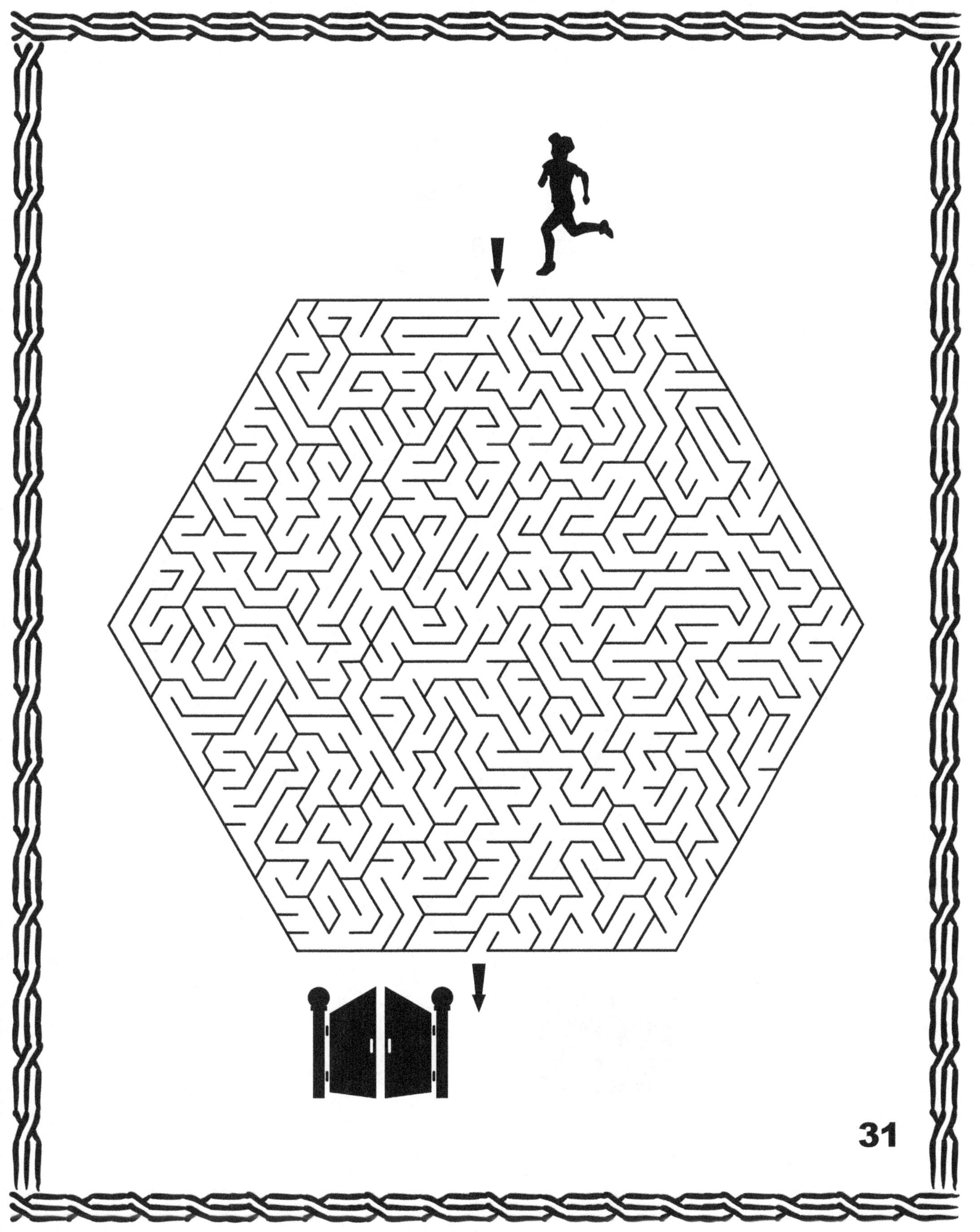

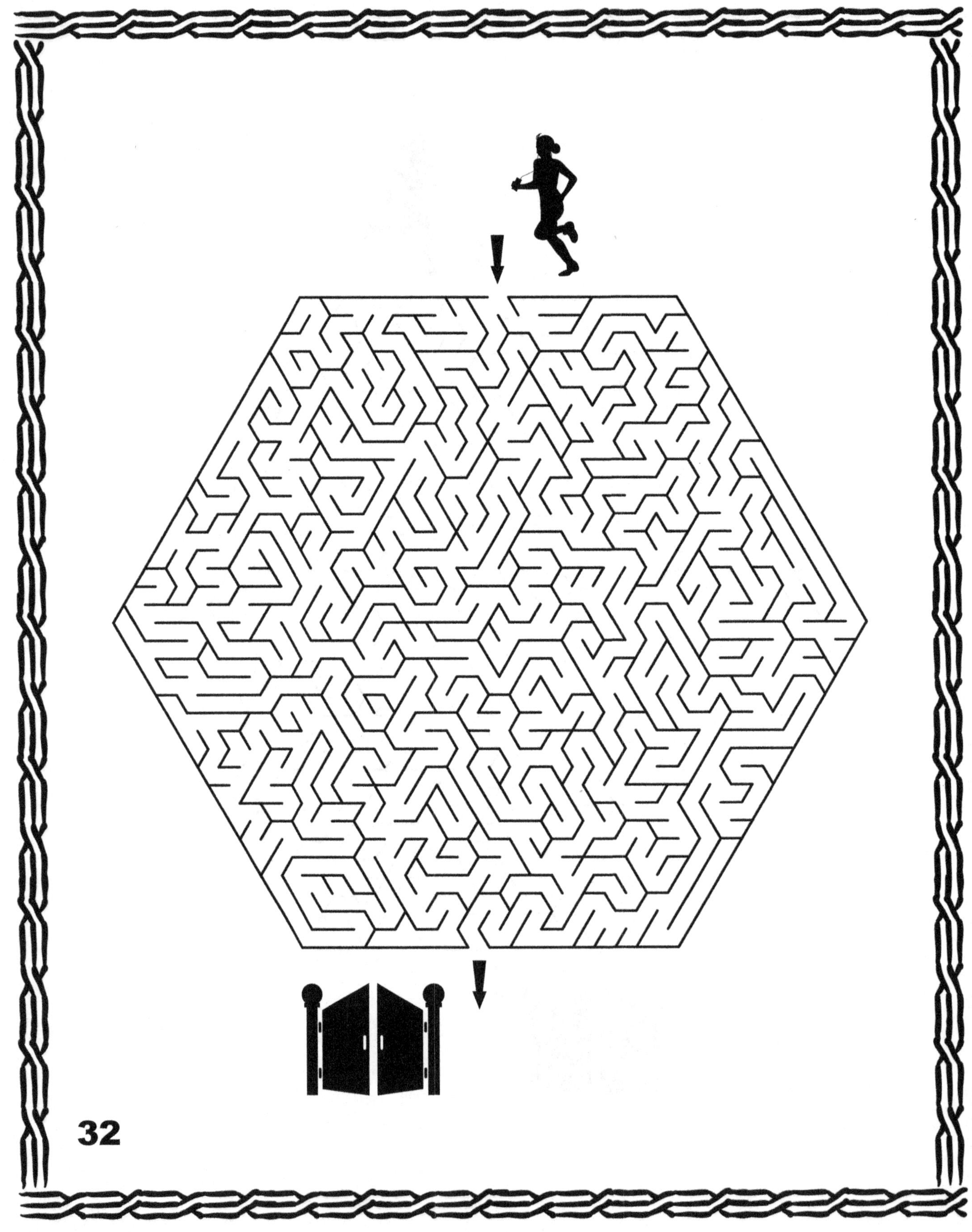

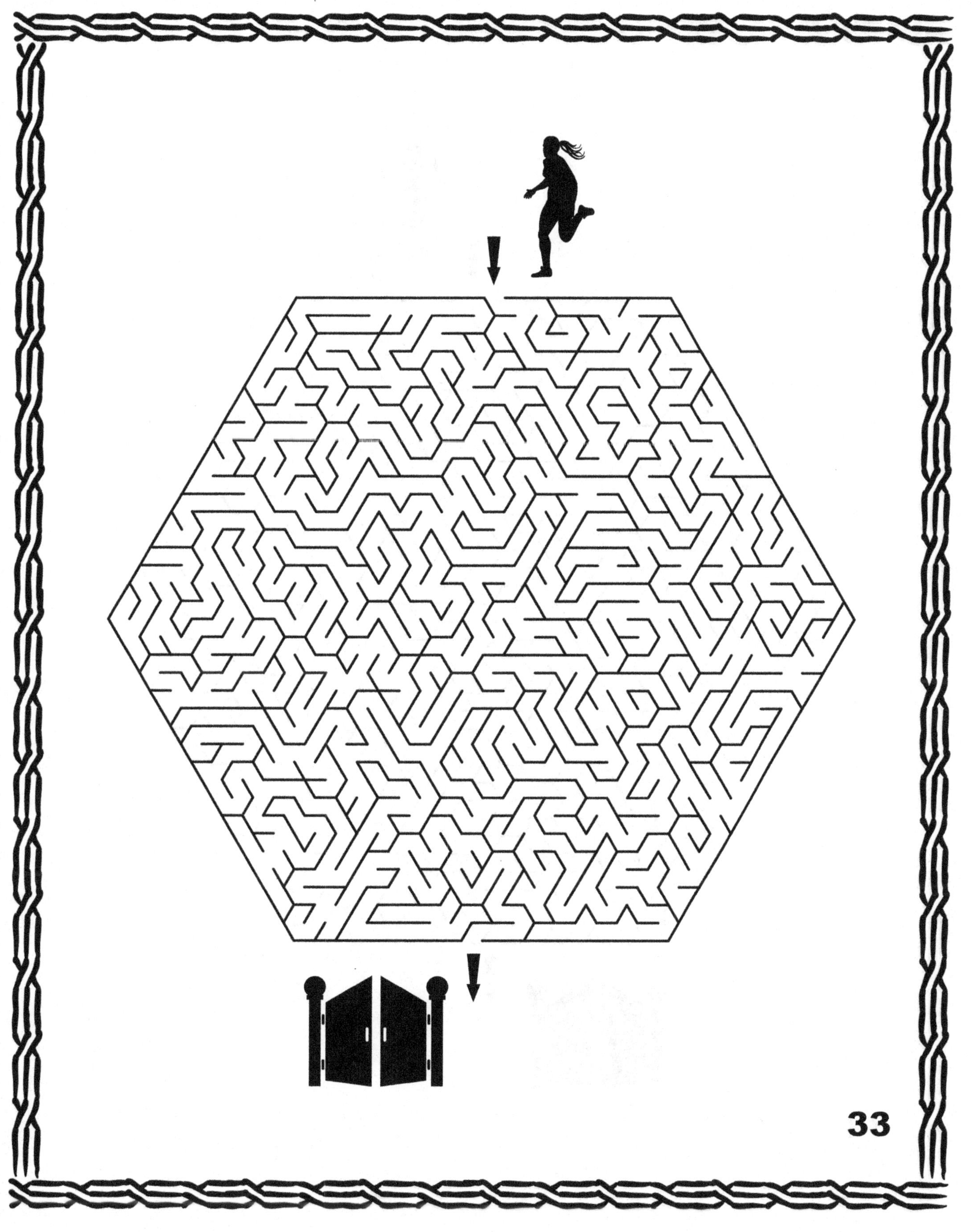

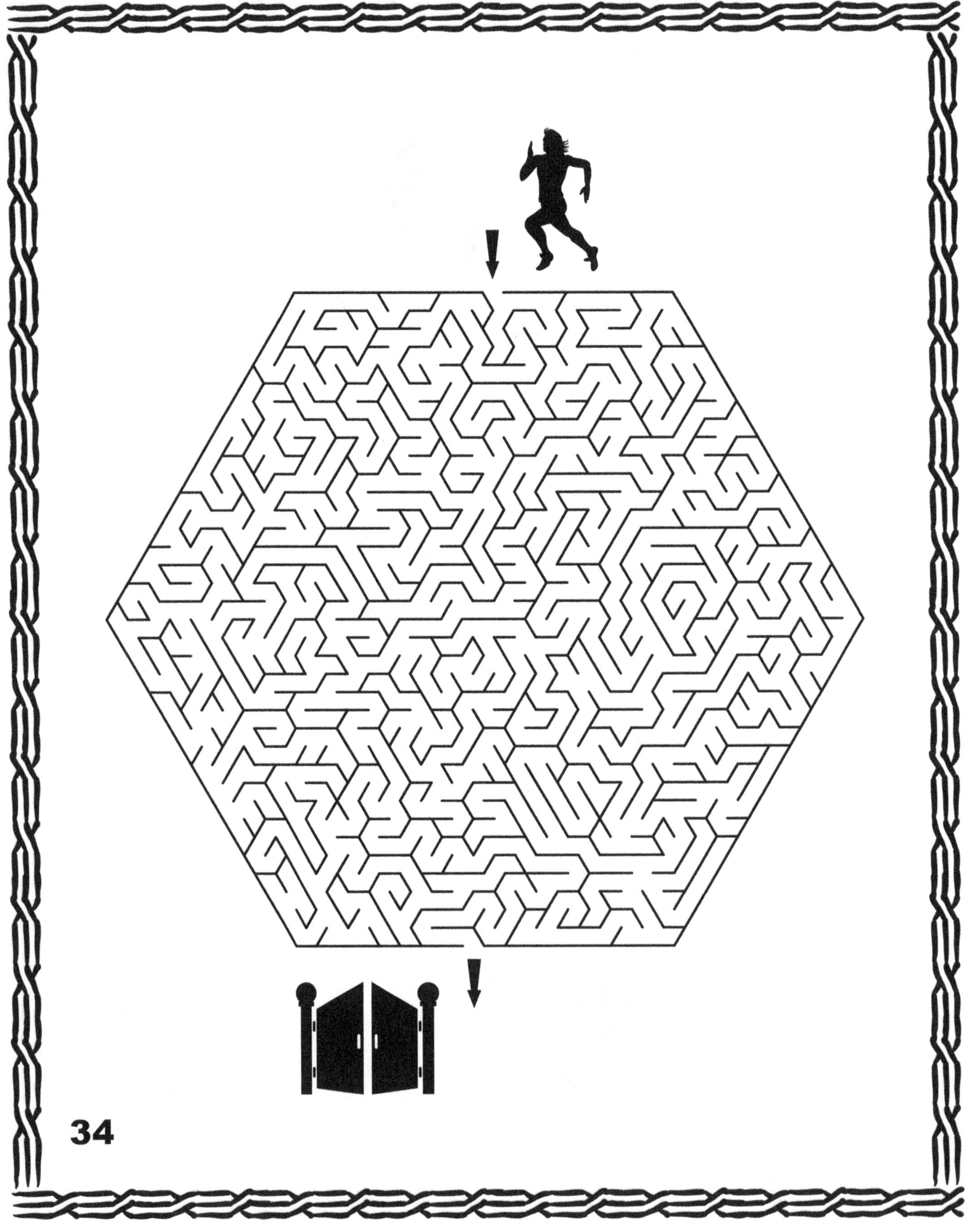

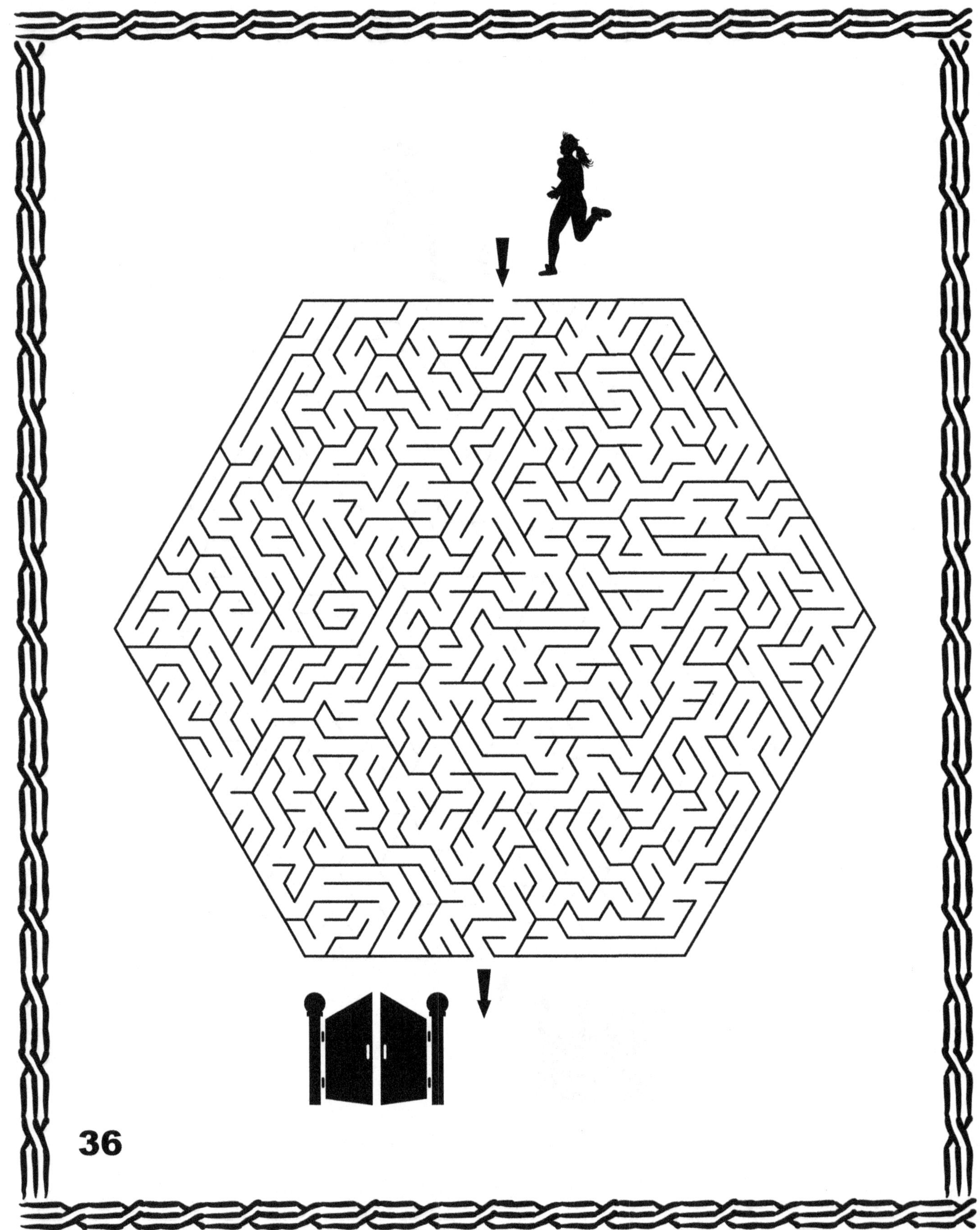

36

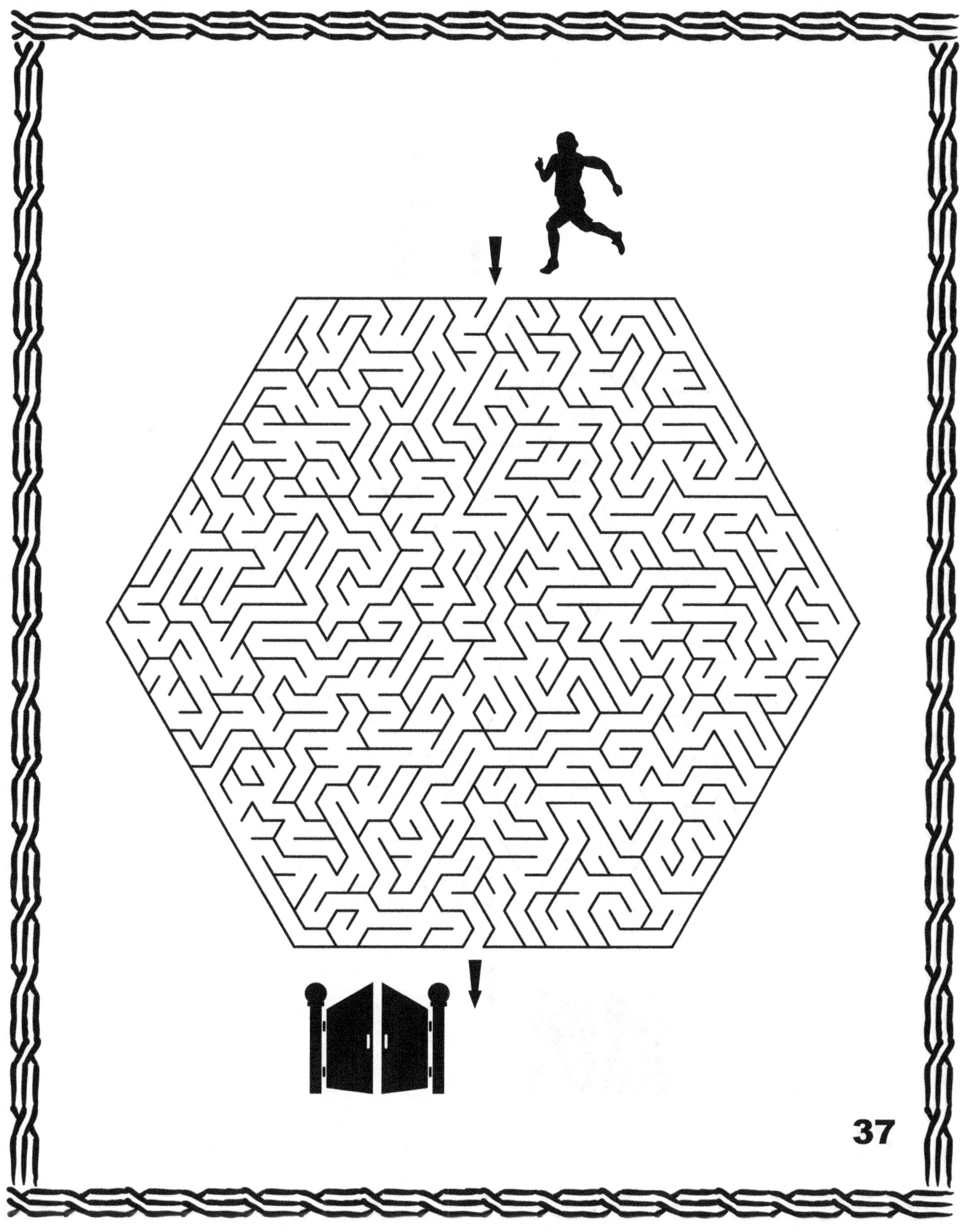

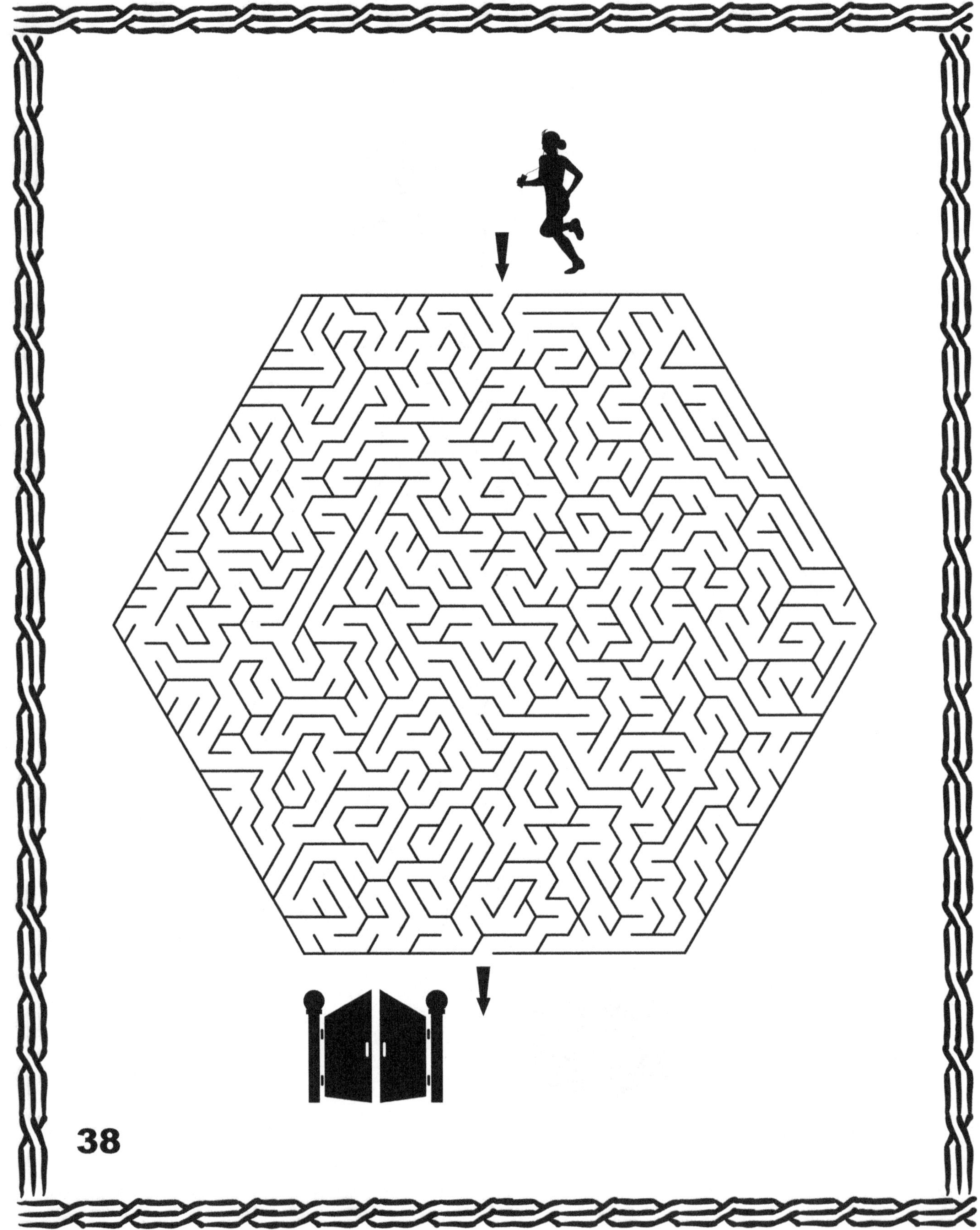

38

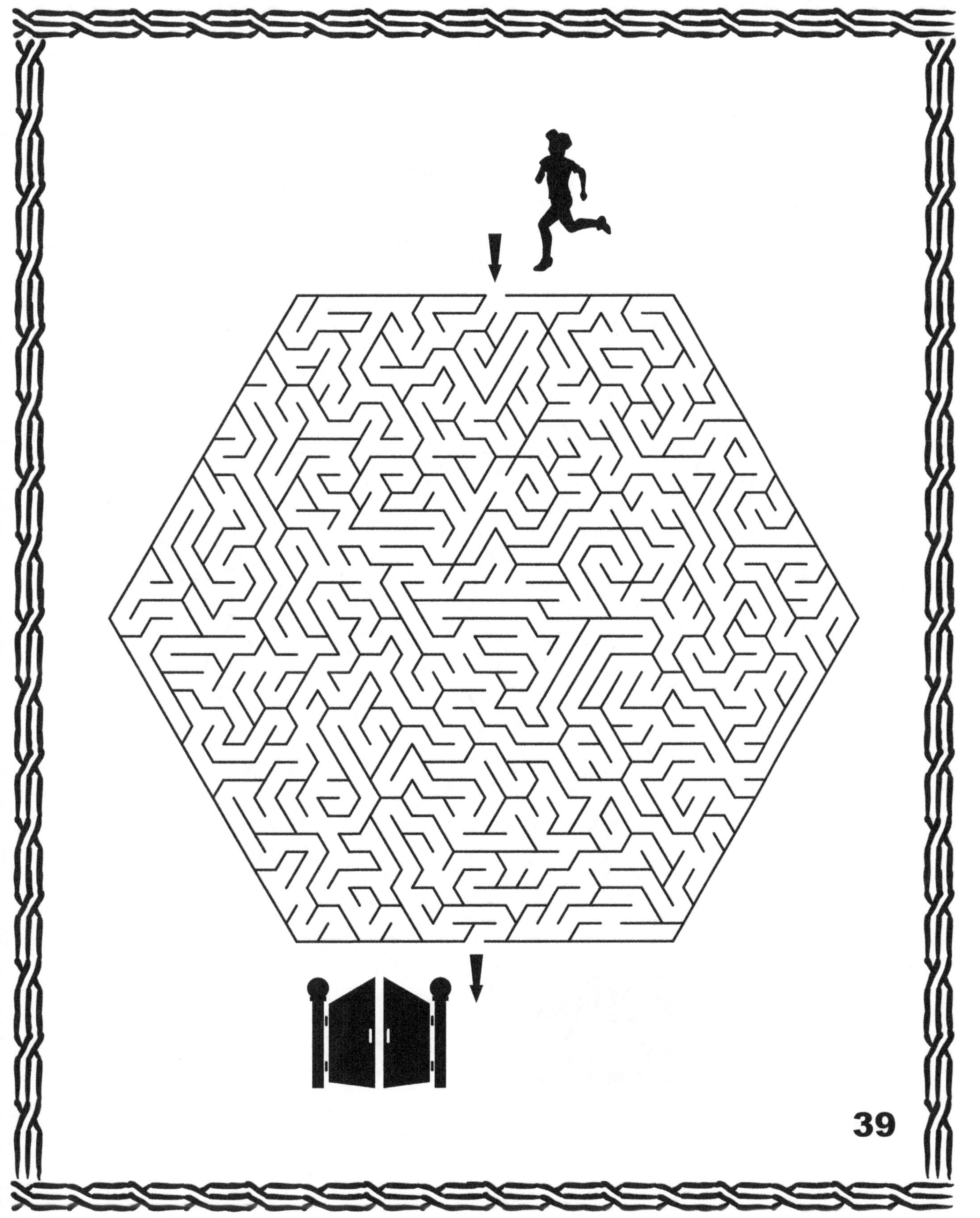

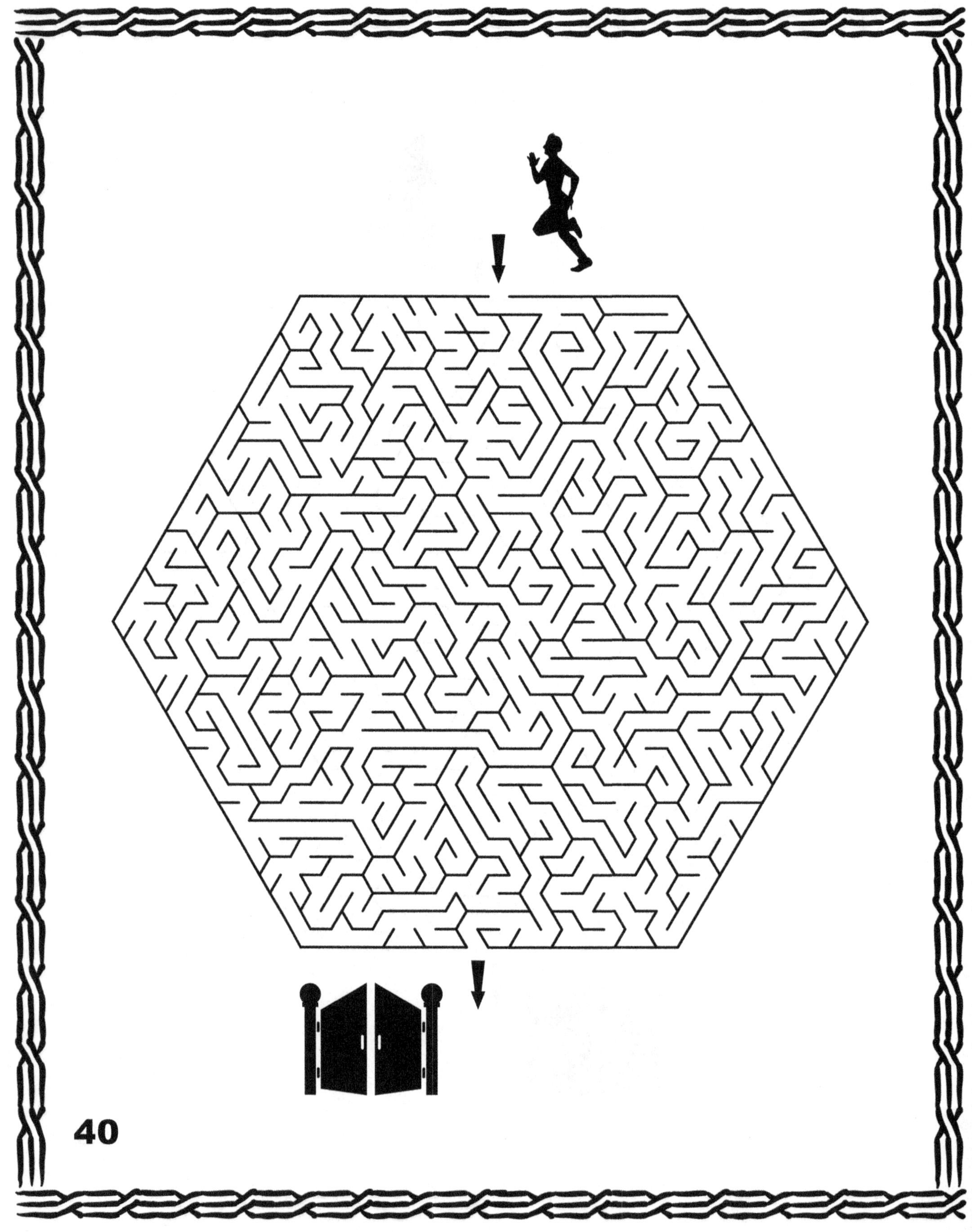

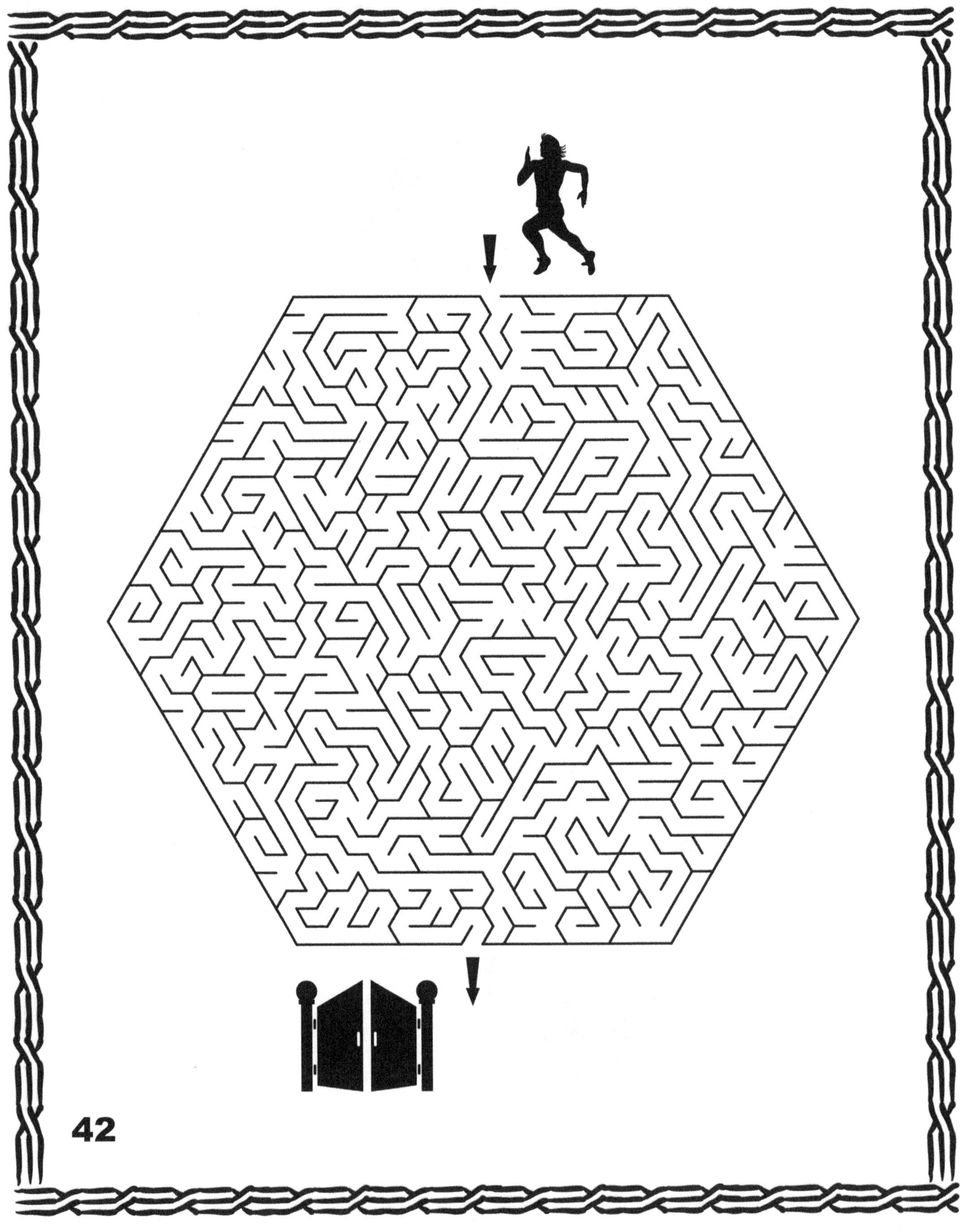

42

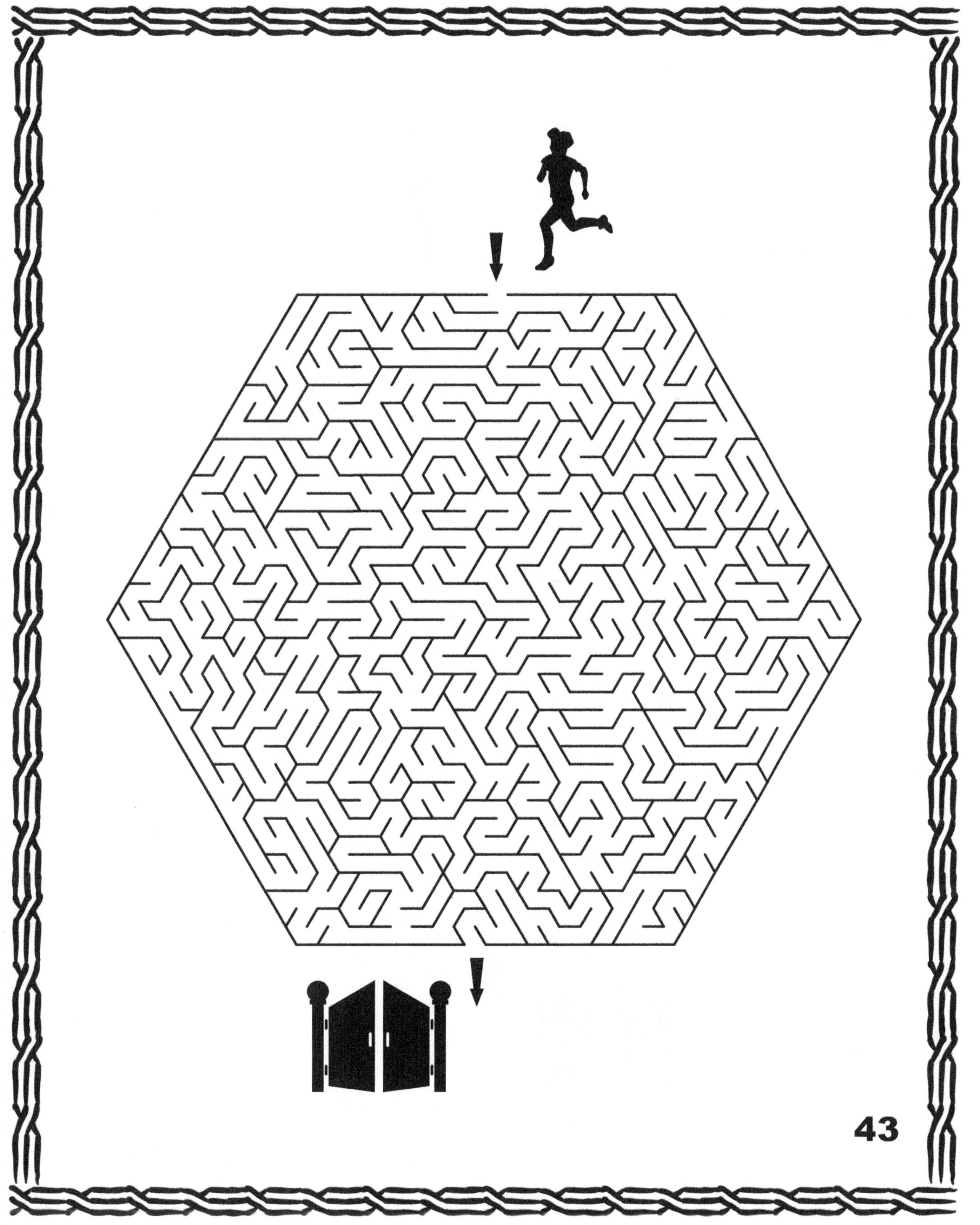

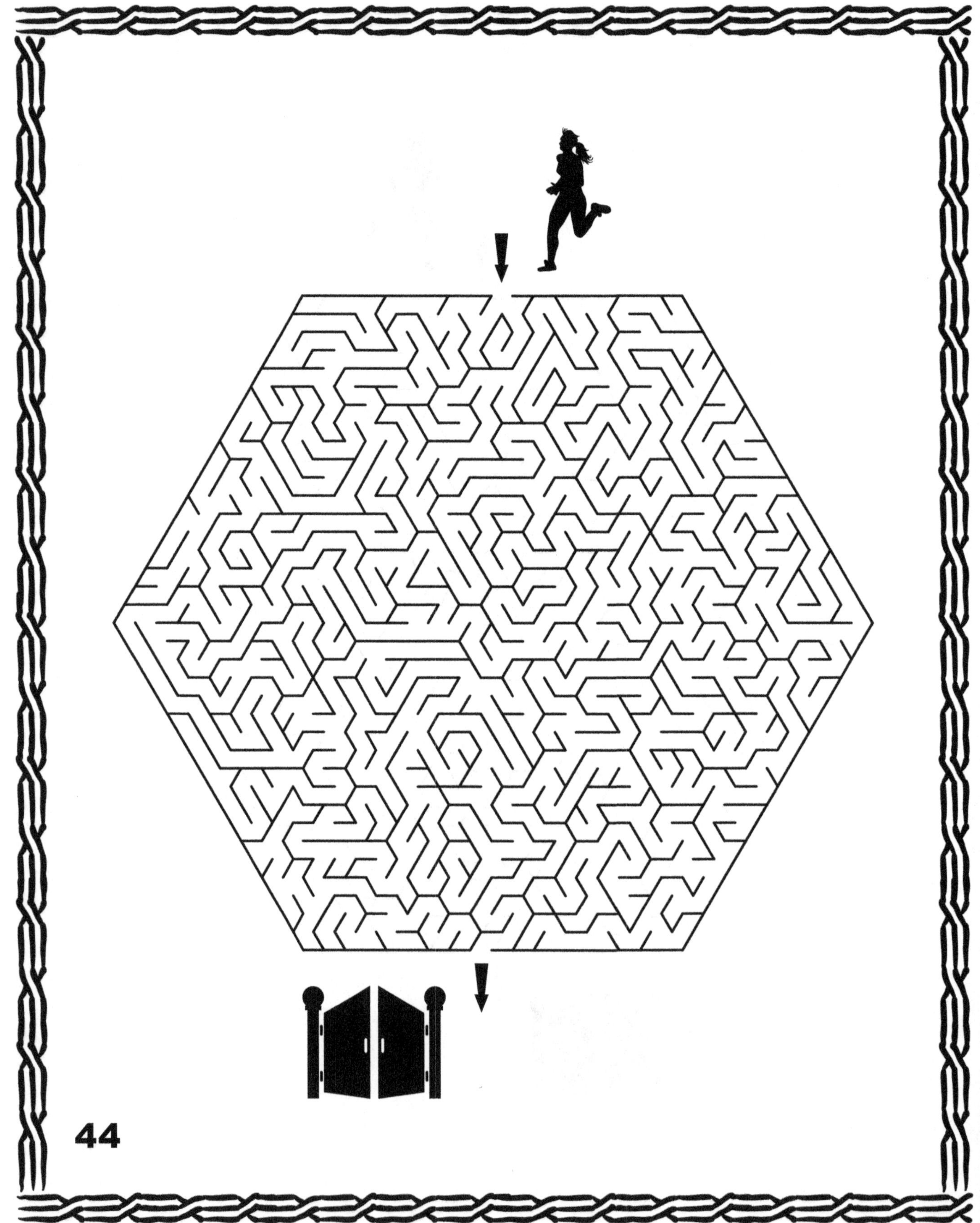

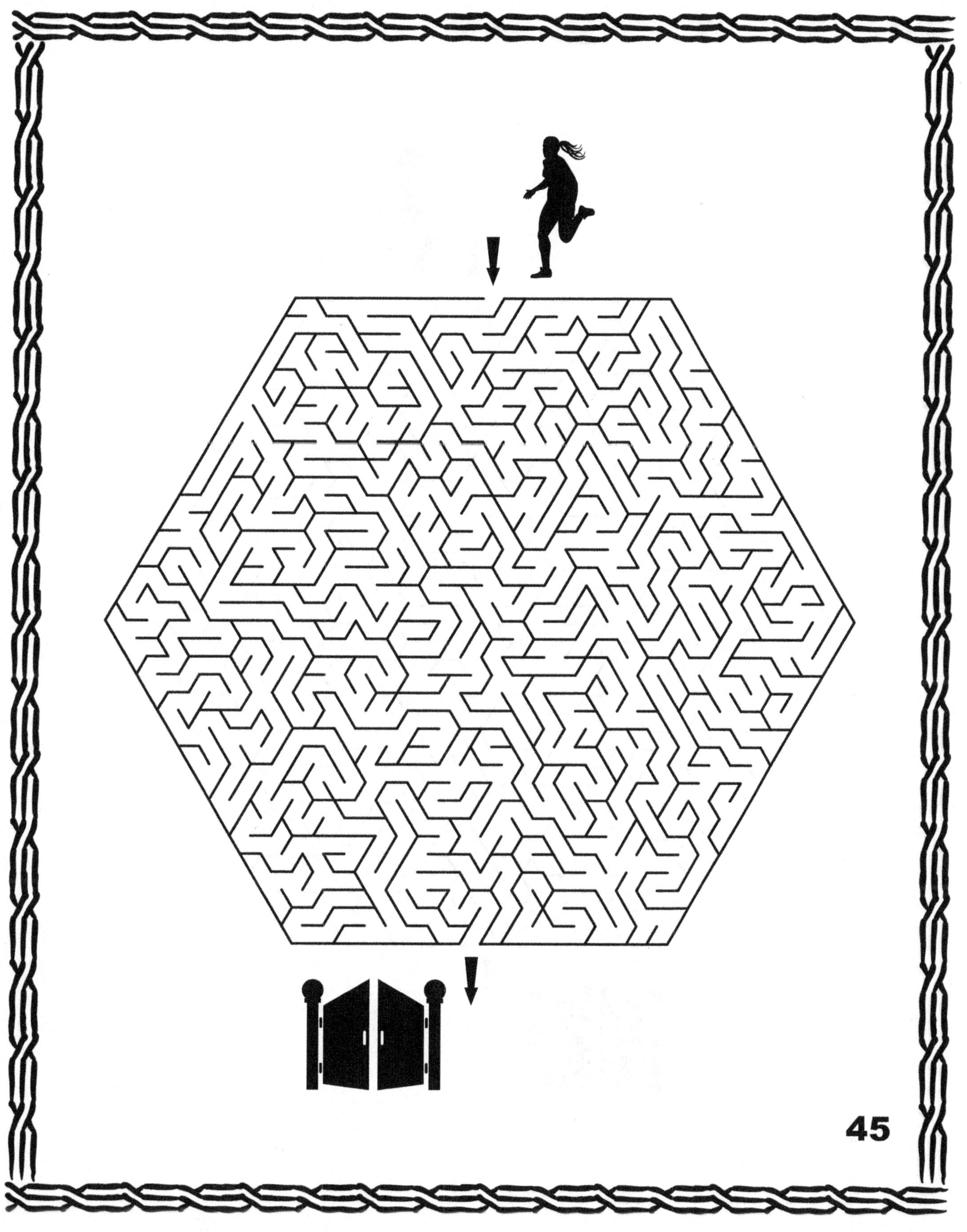

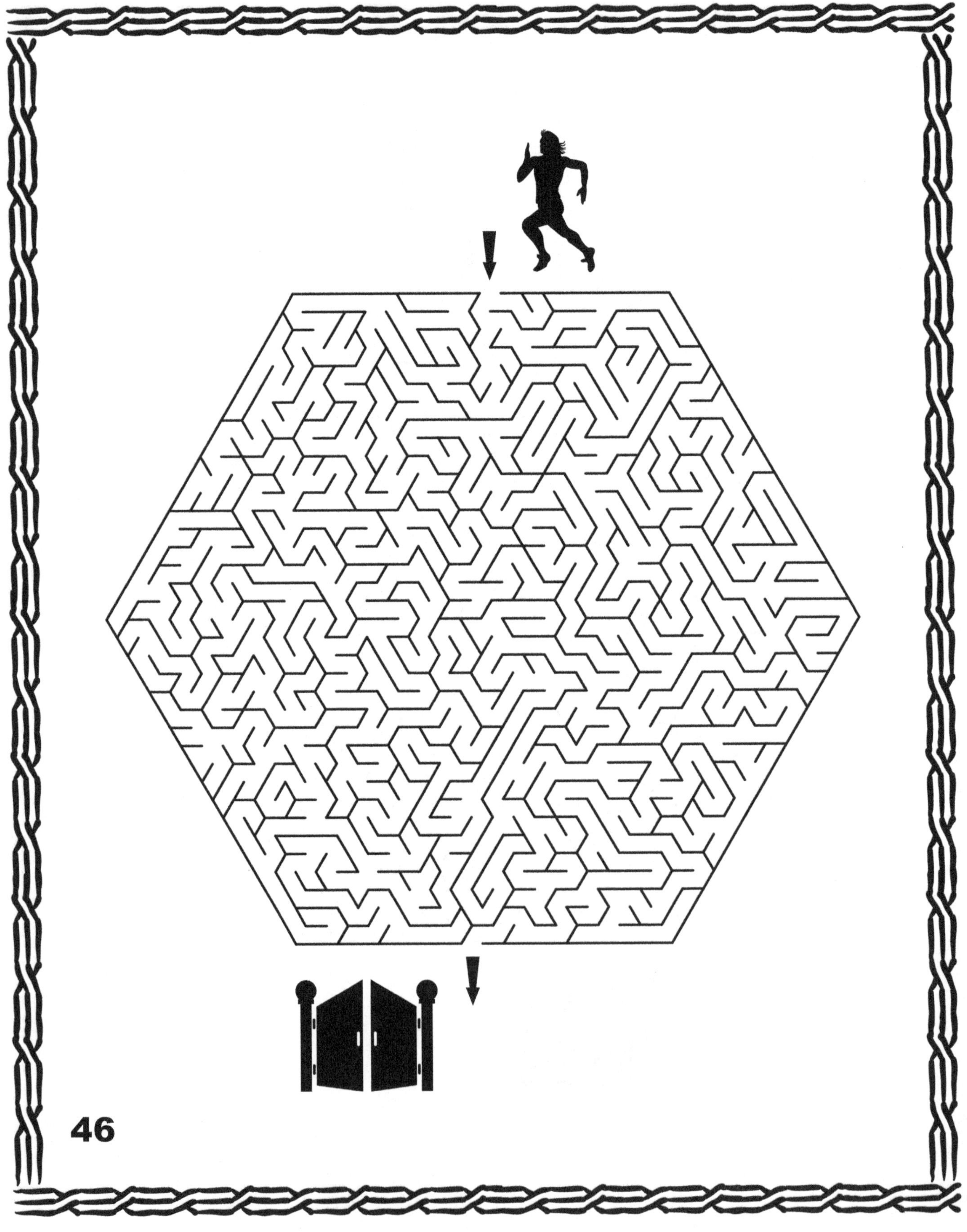

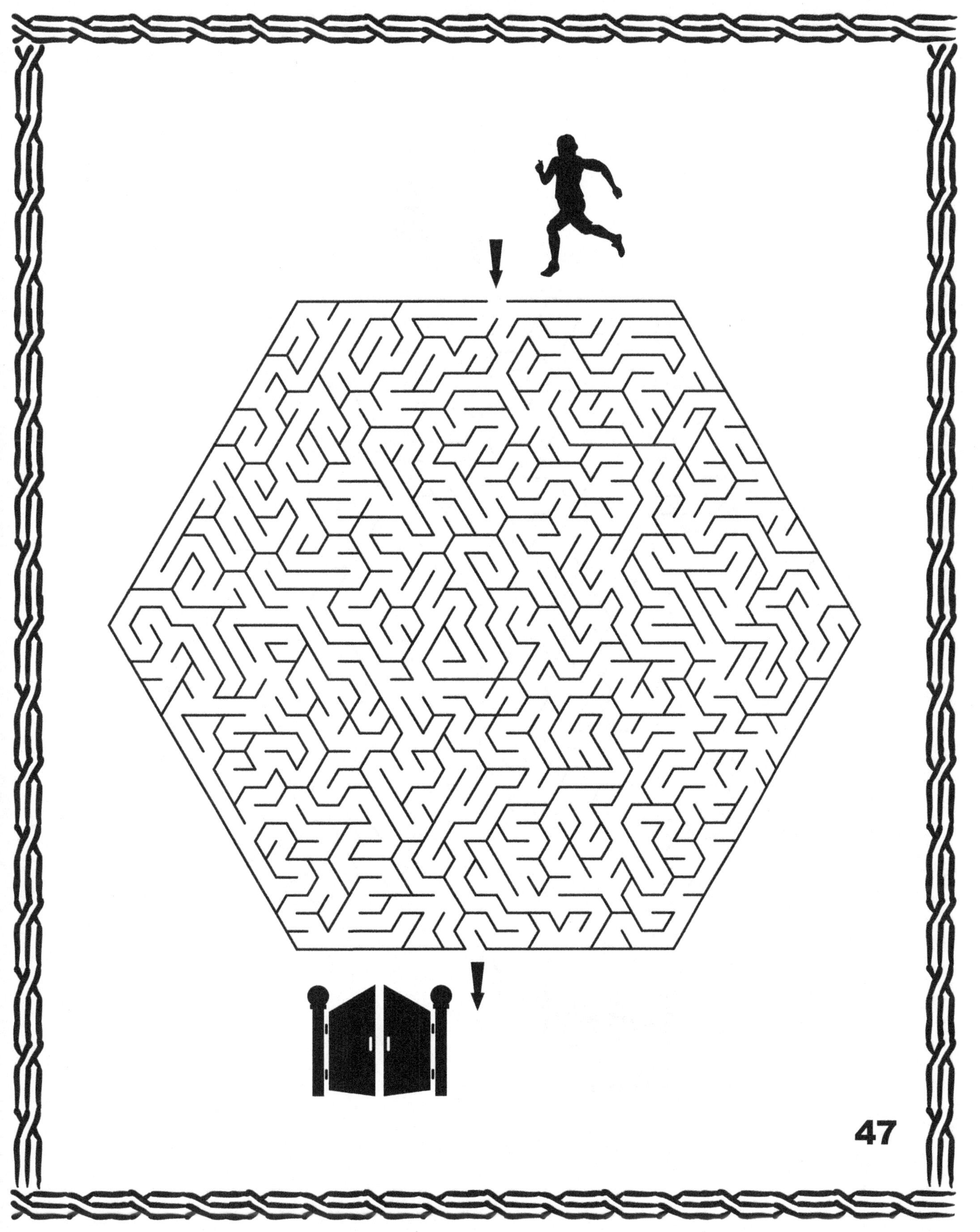

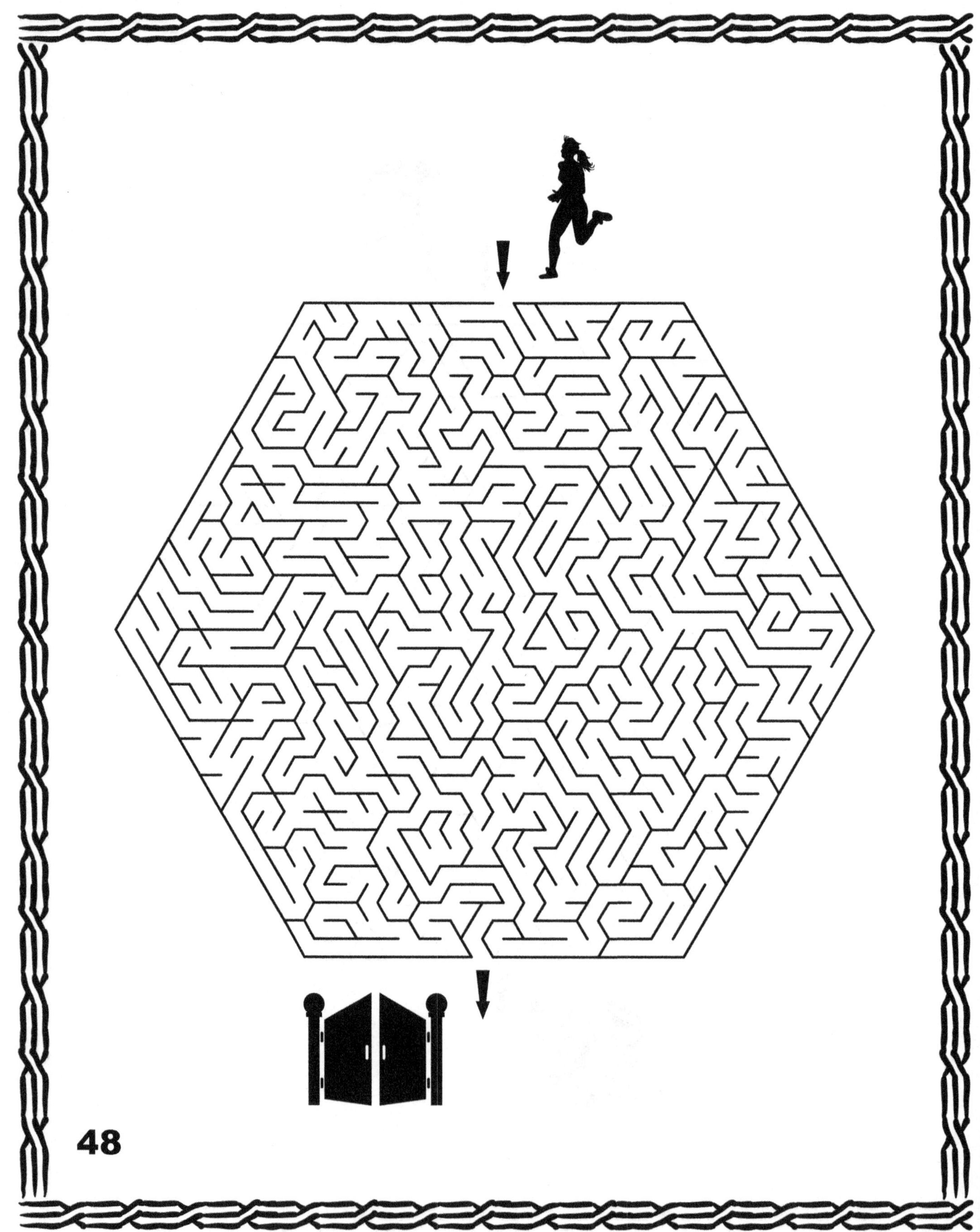

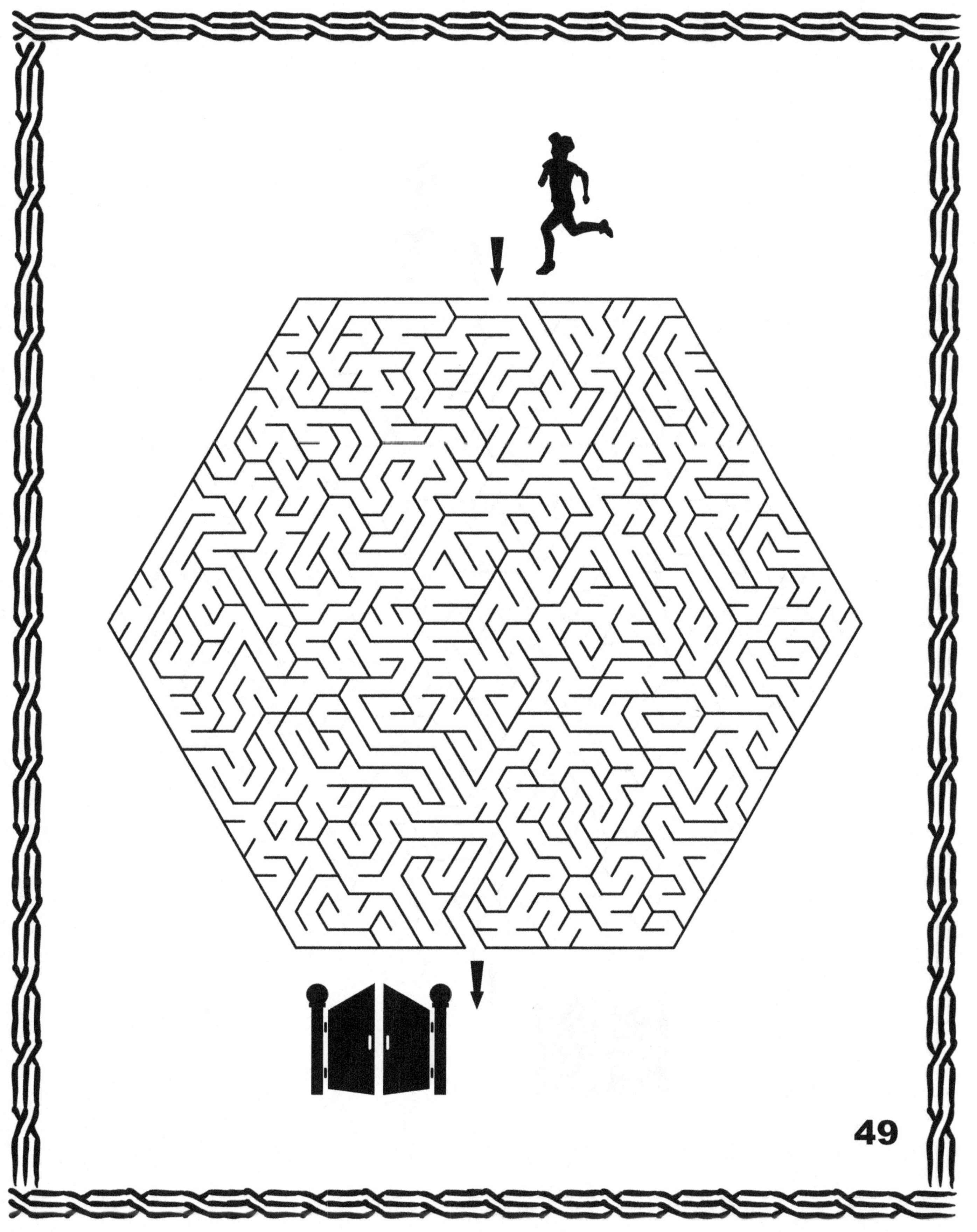

49

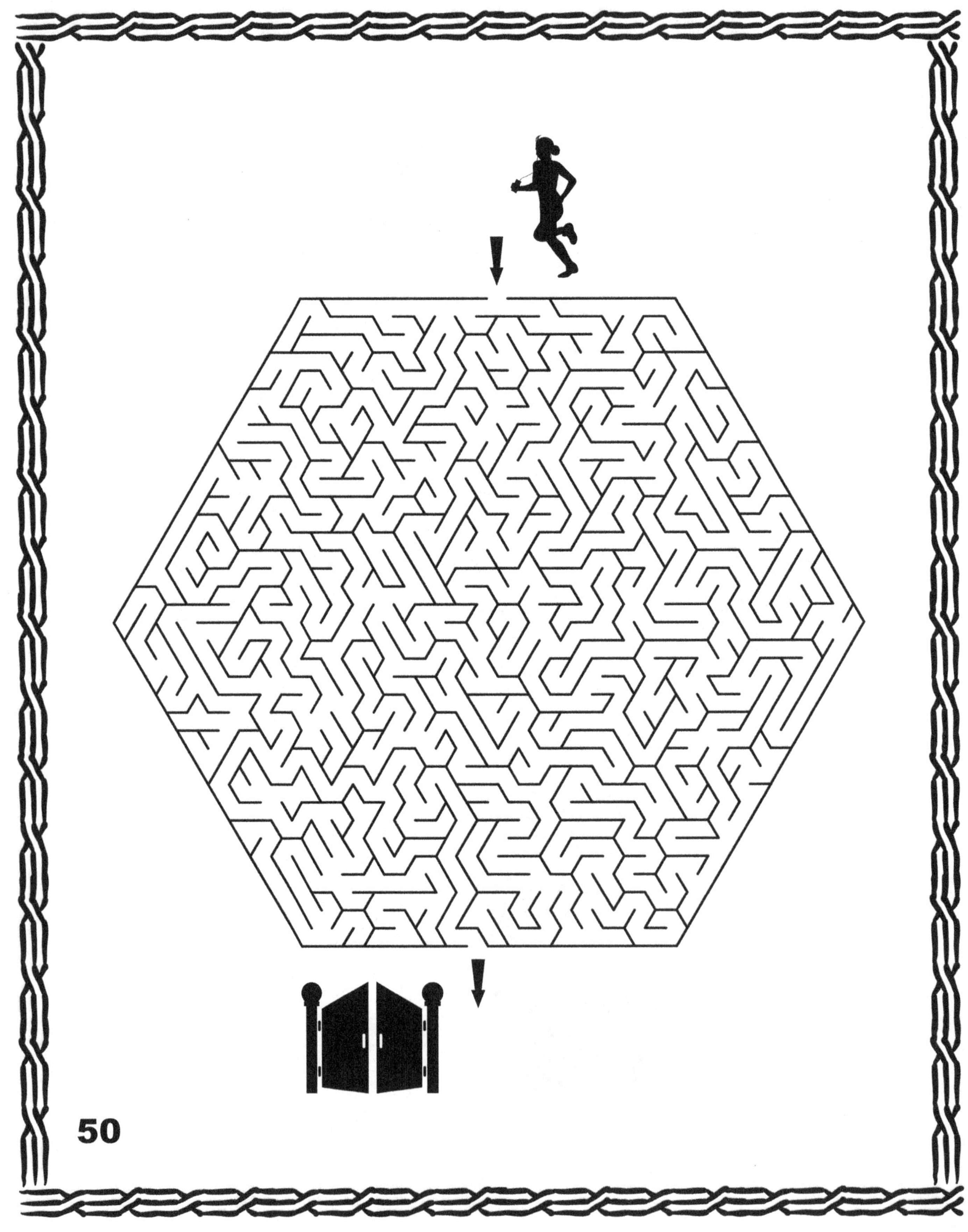

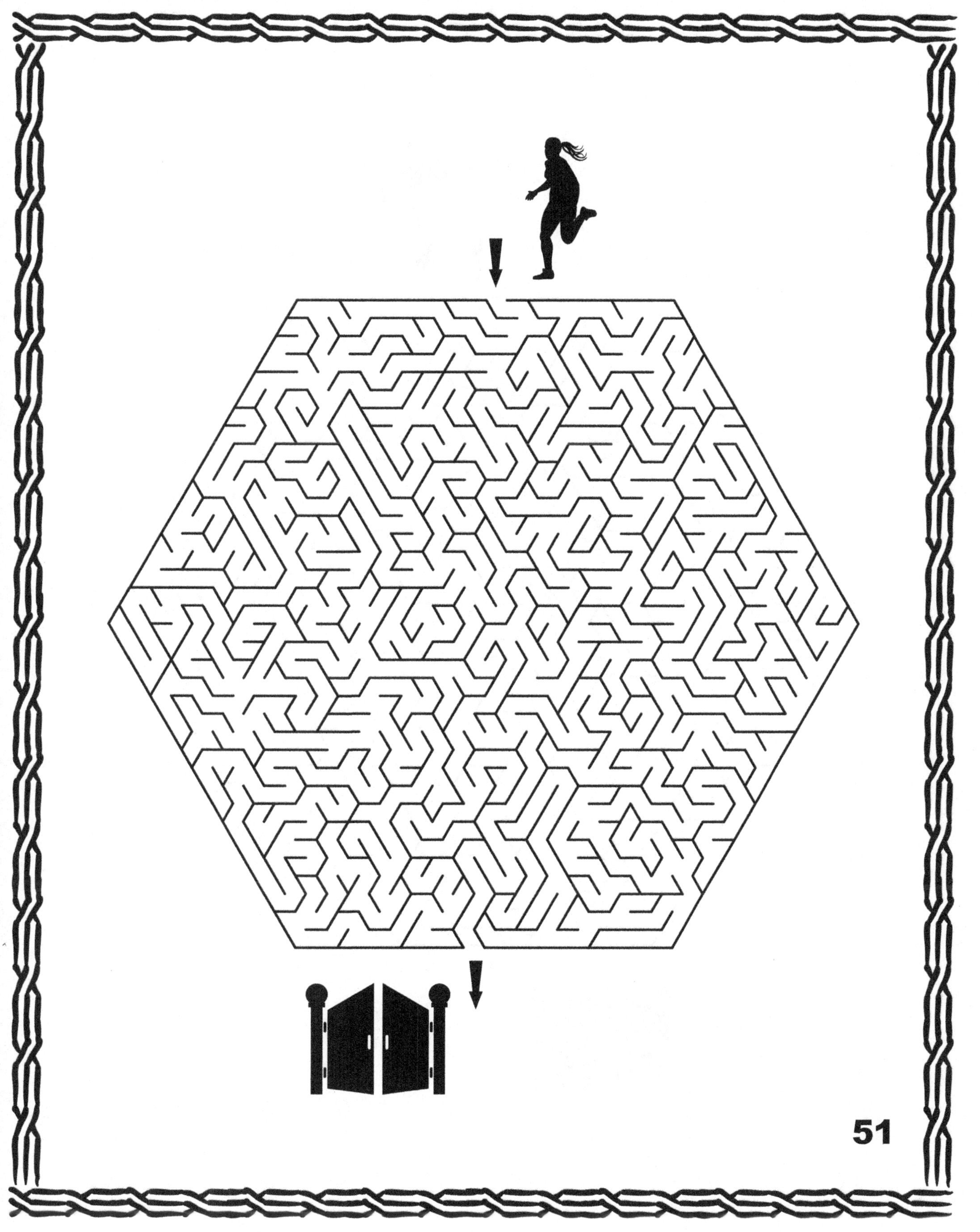

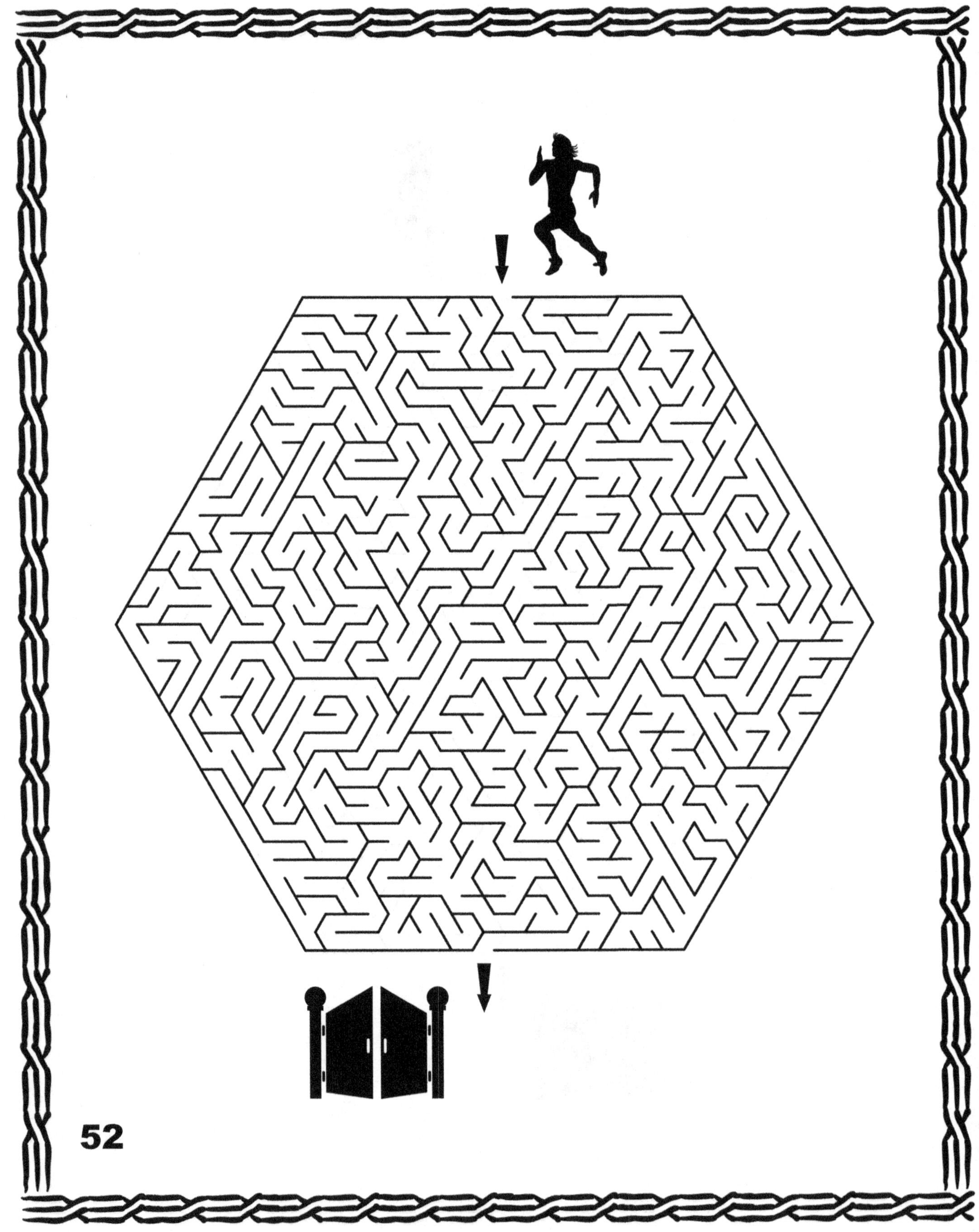

52

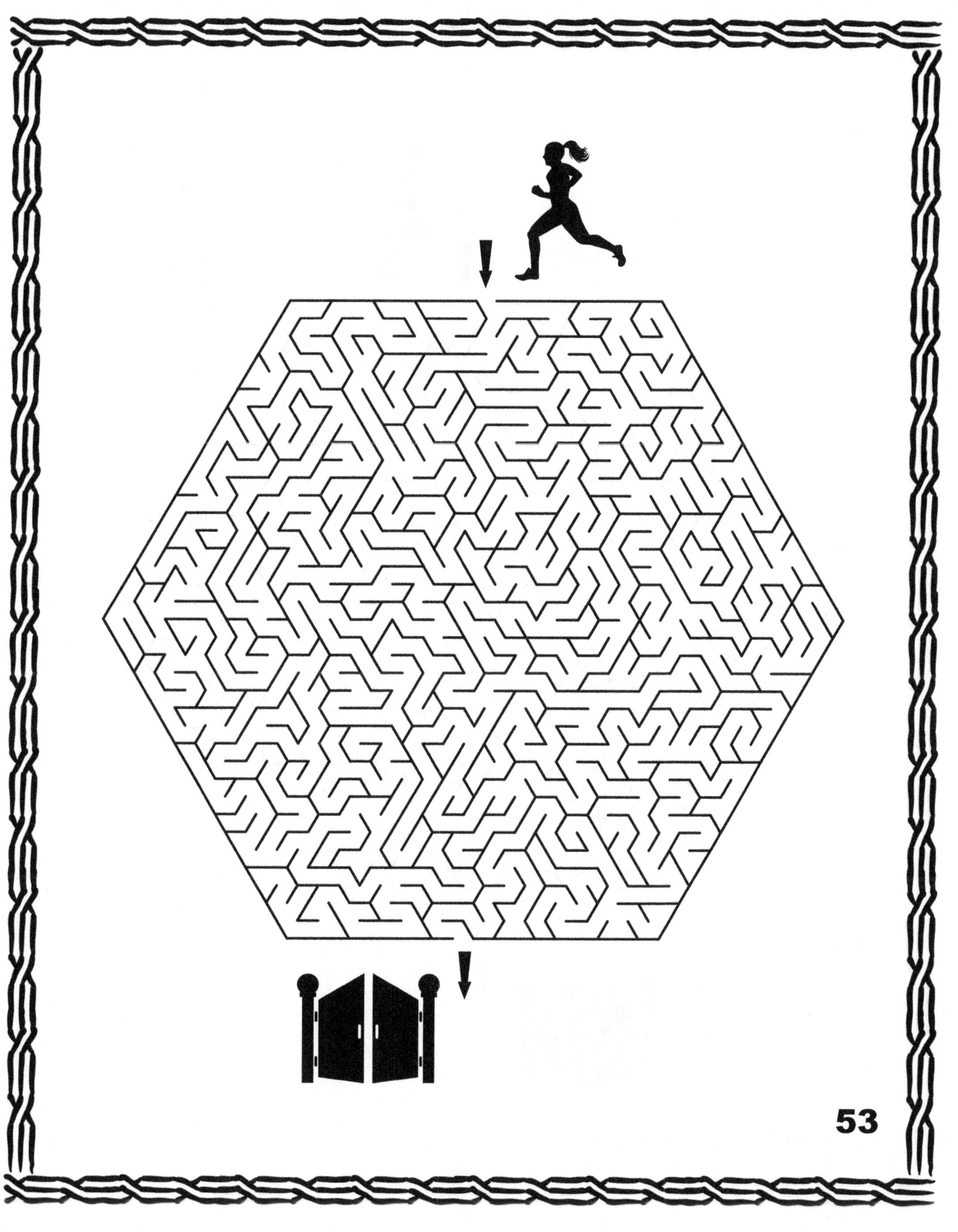

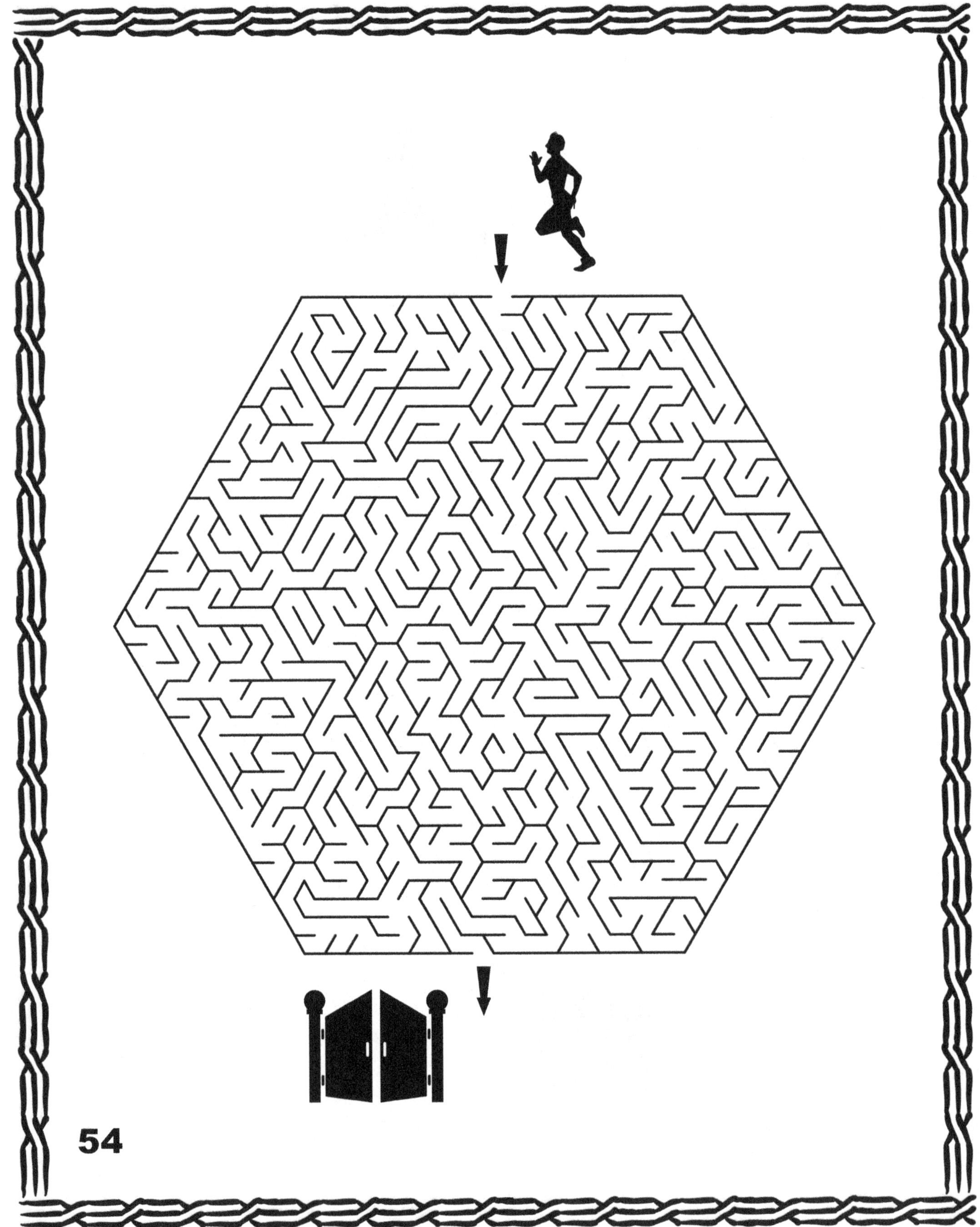

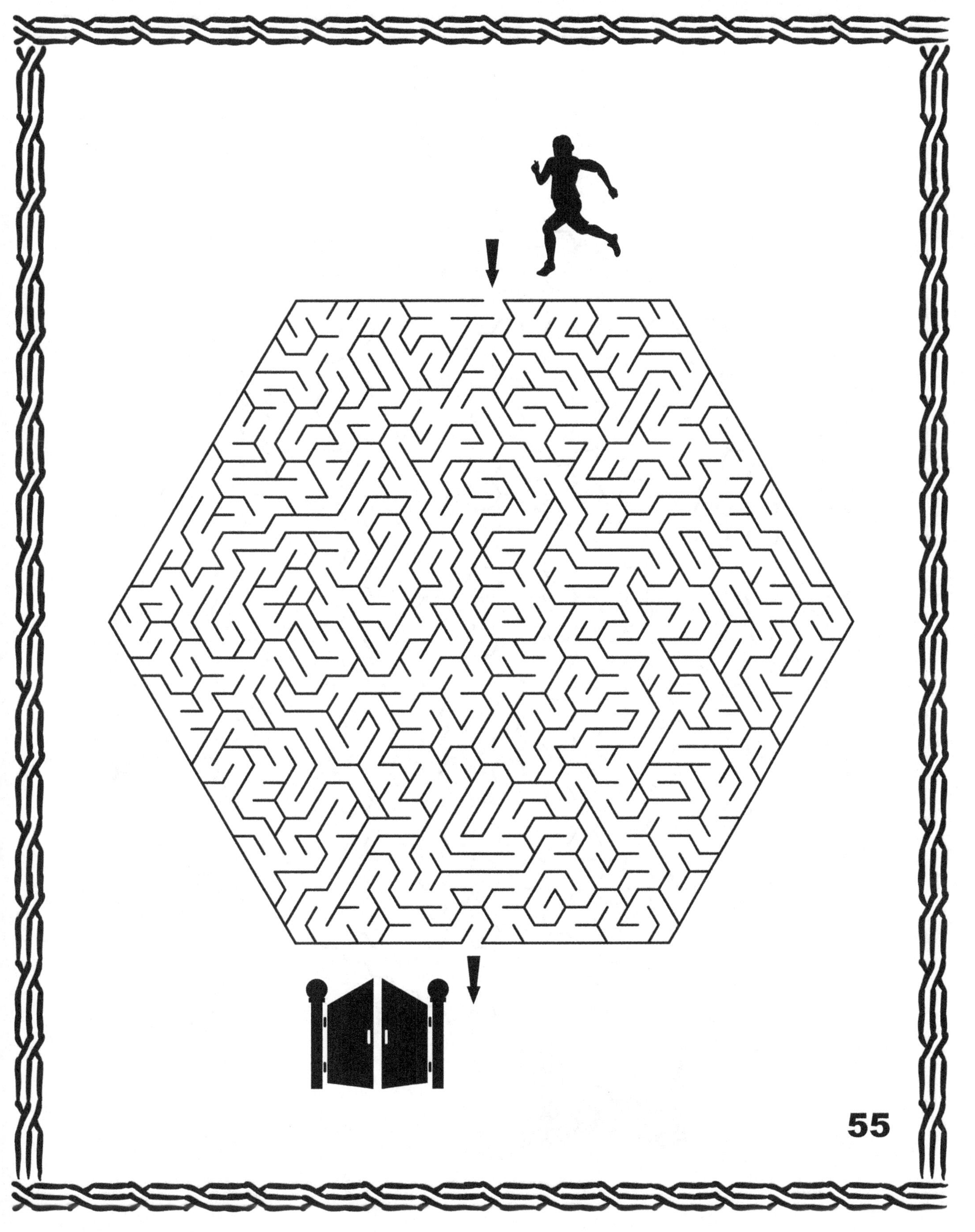

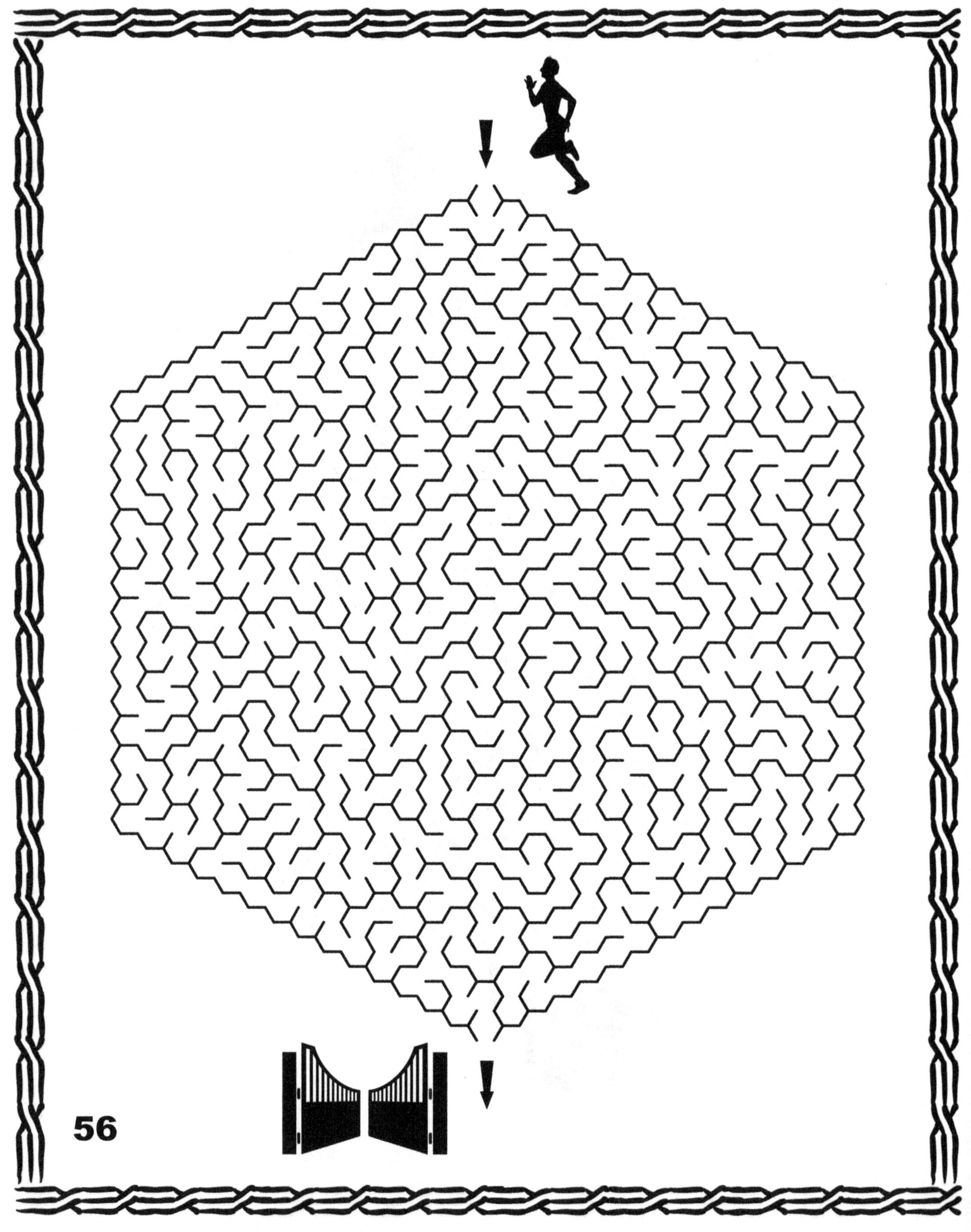

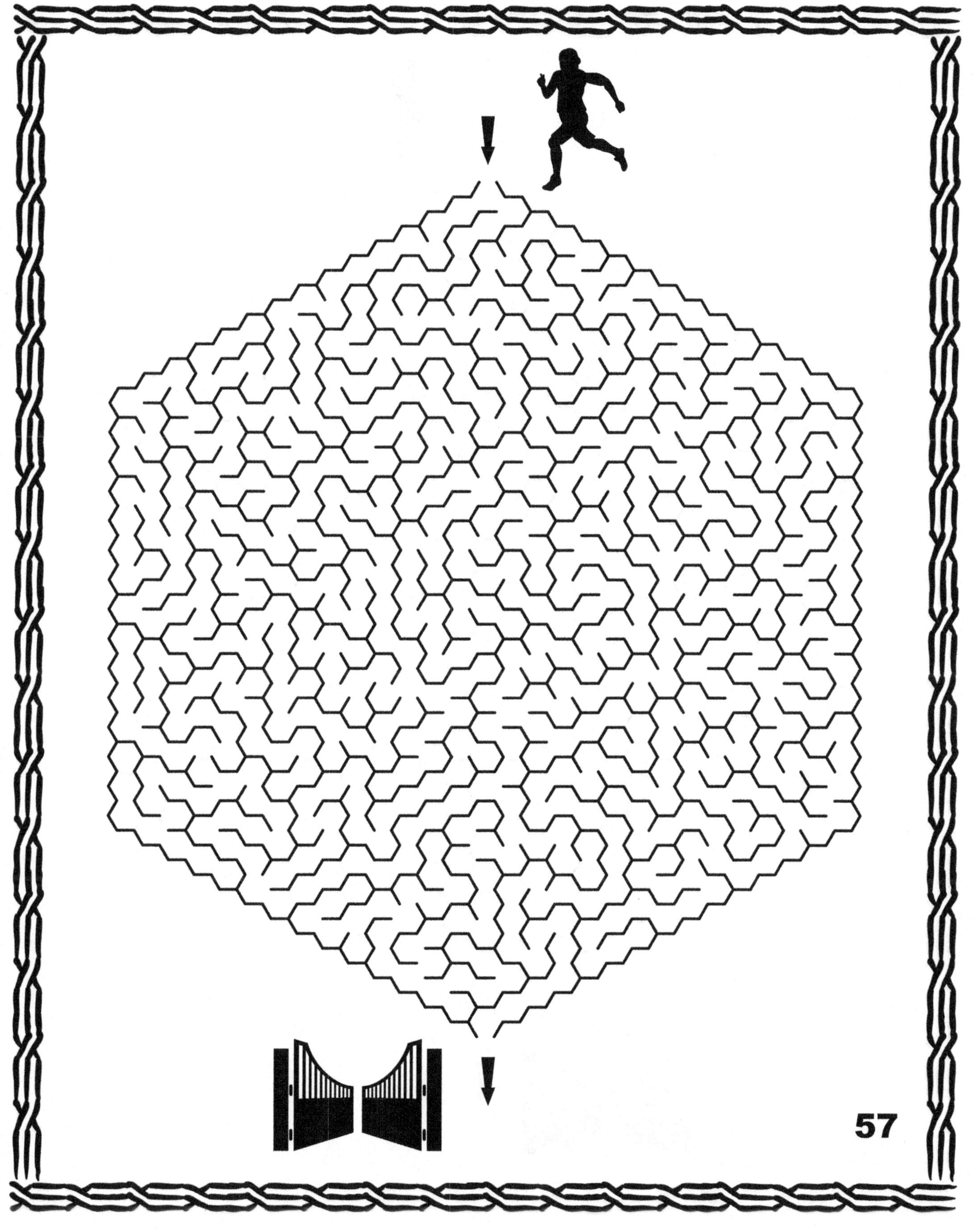

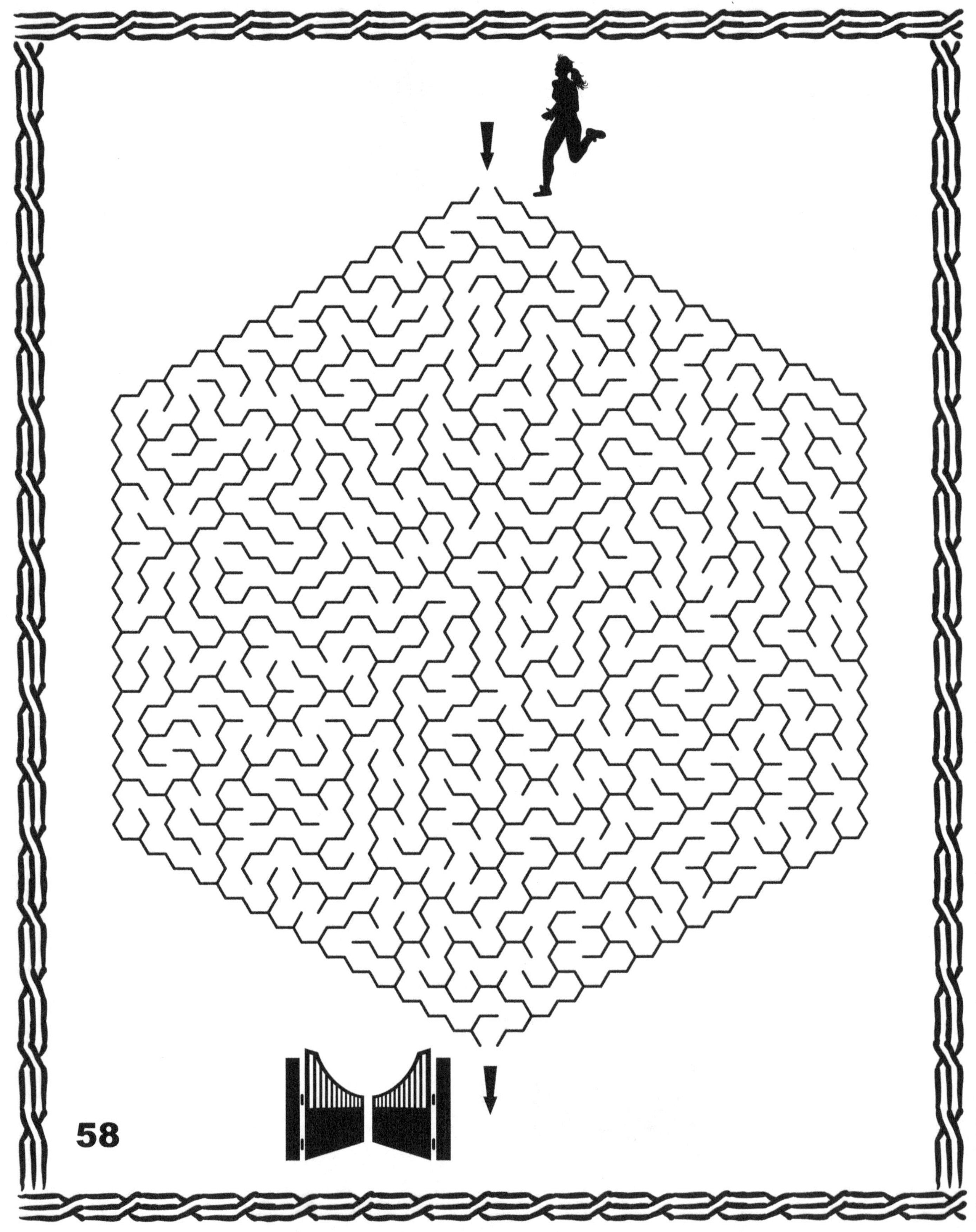

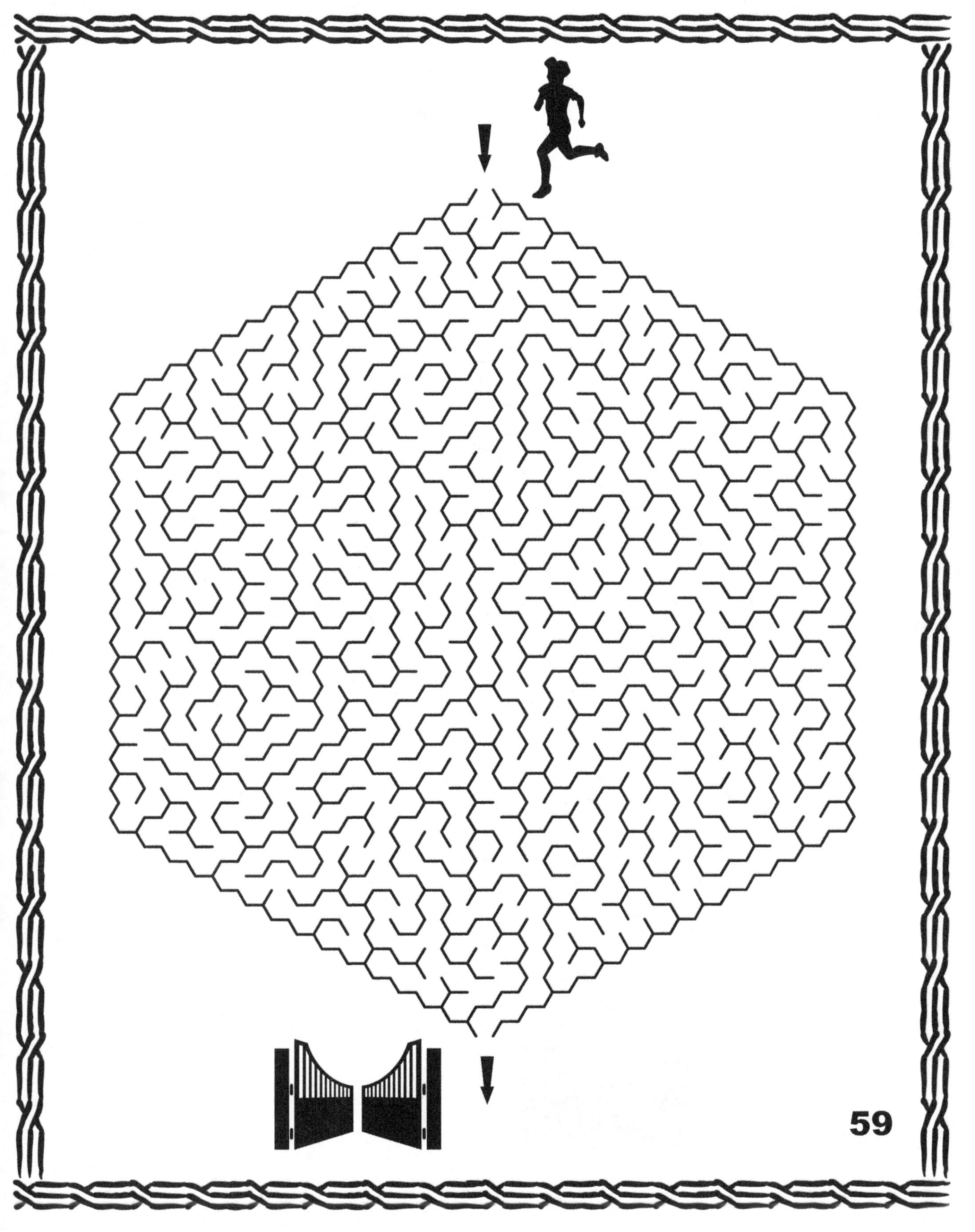

59

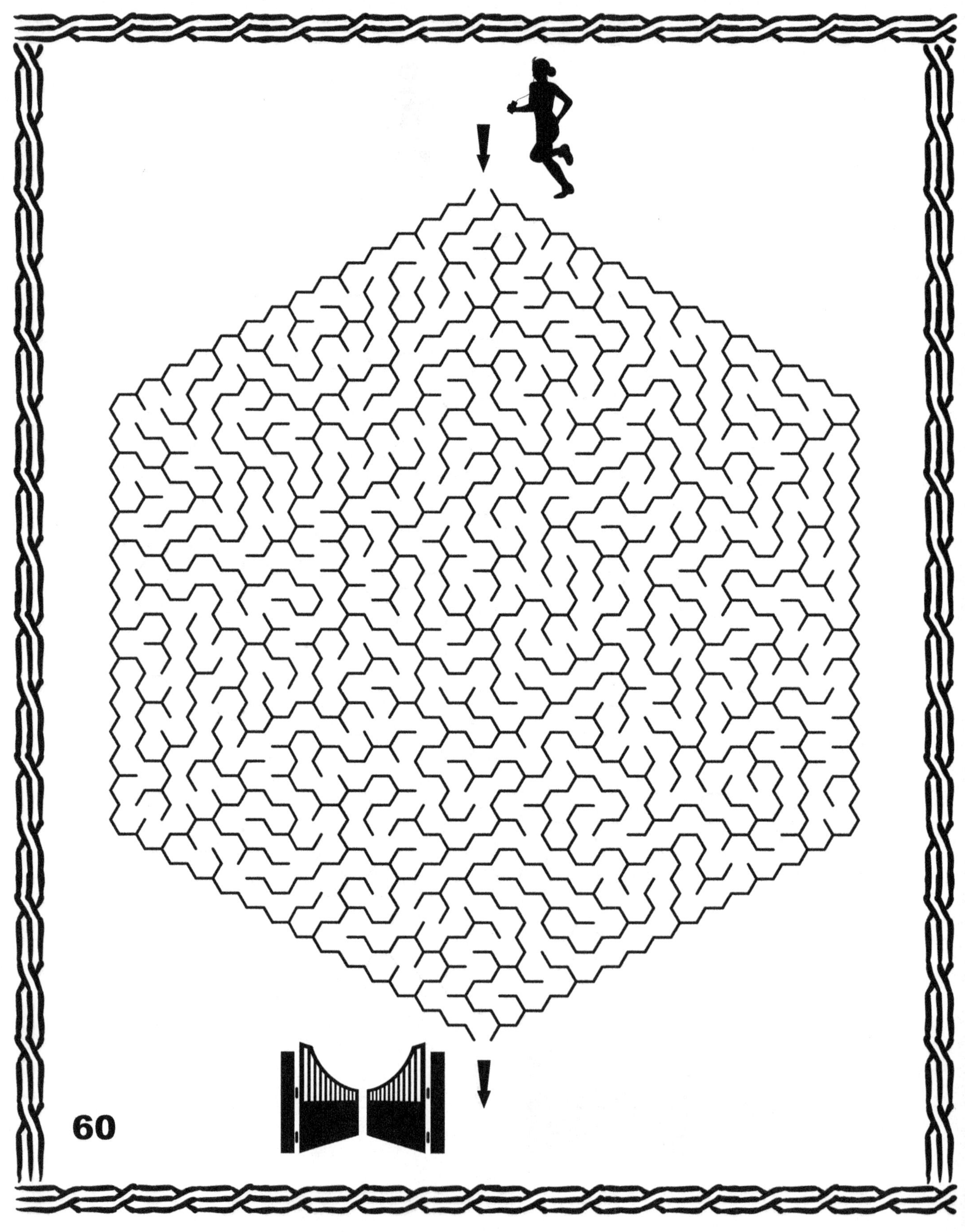

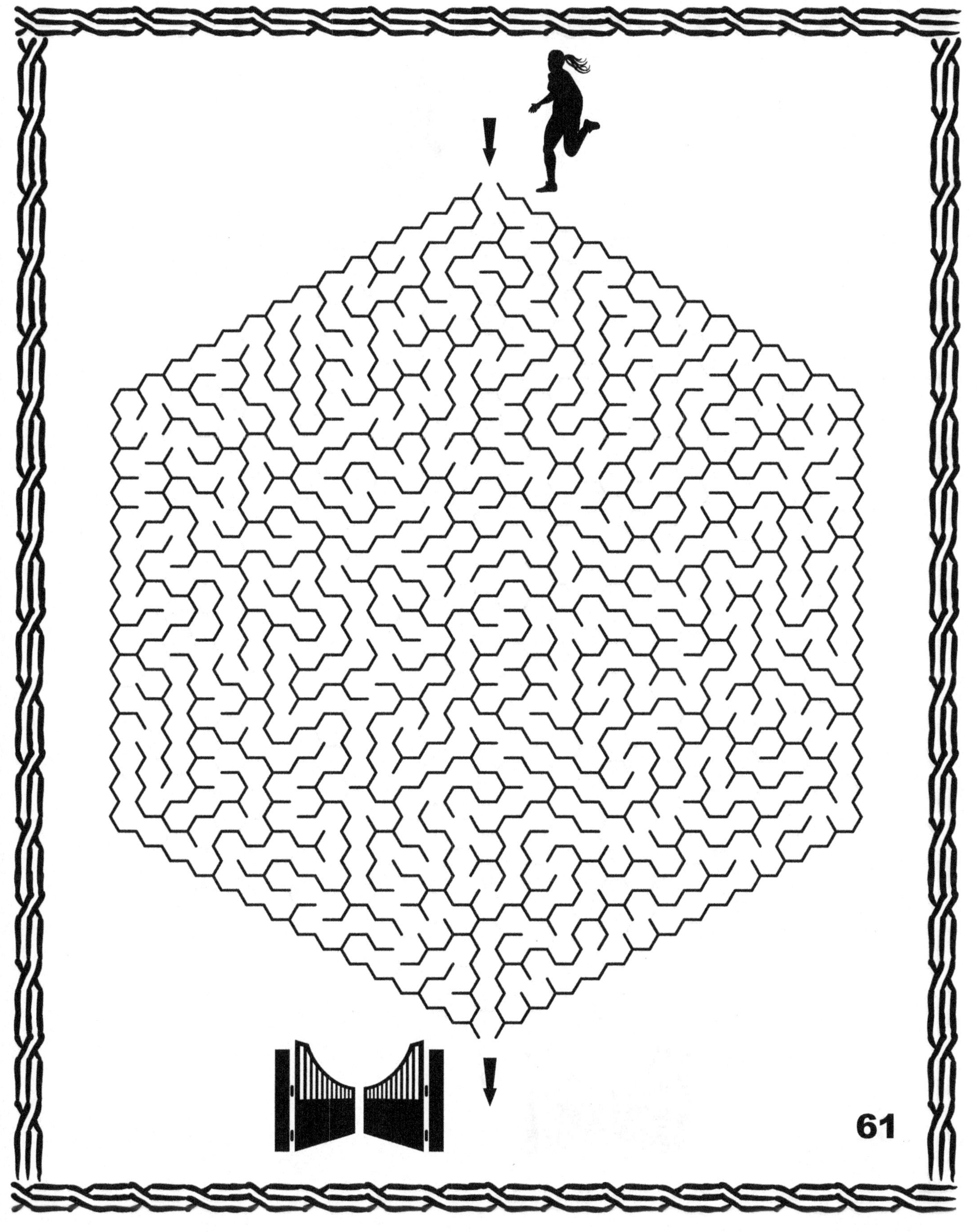

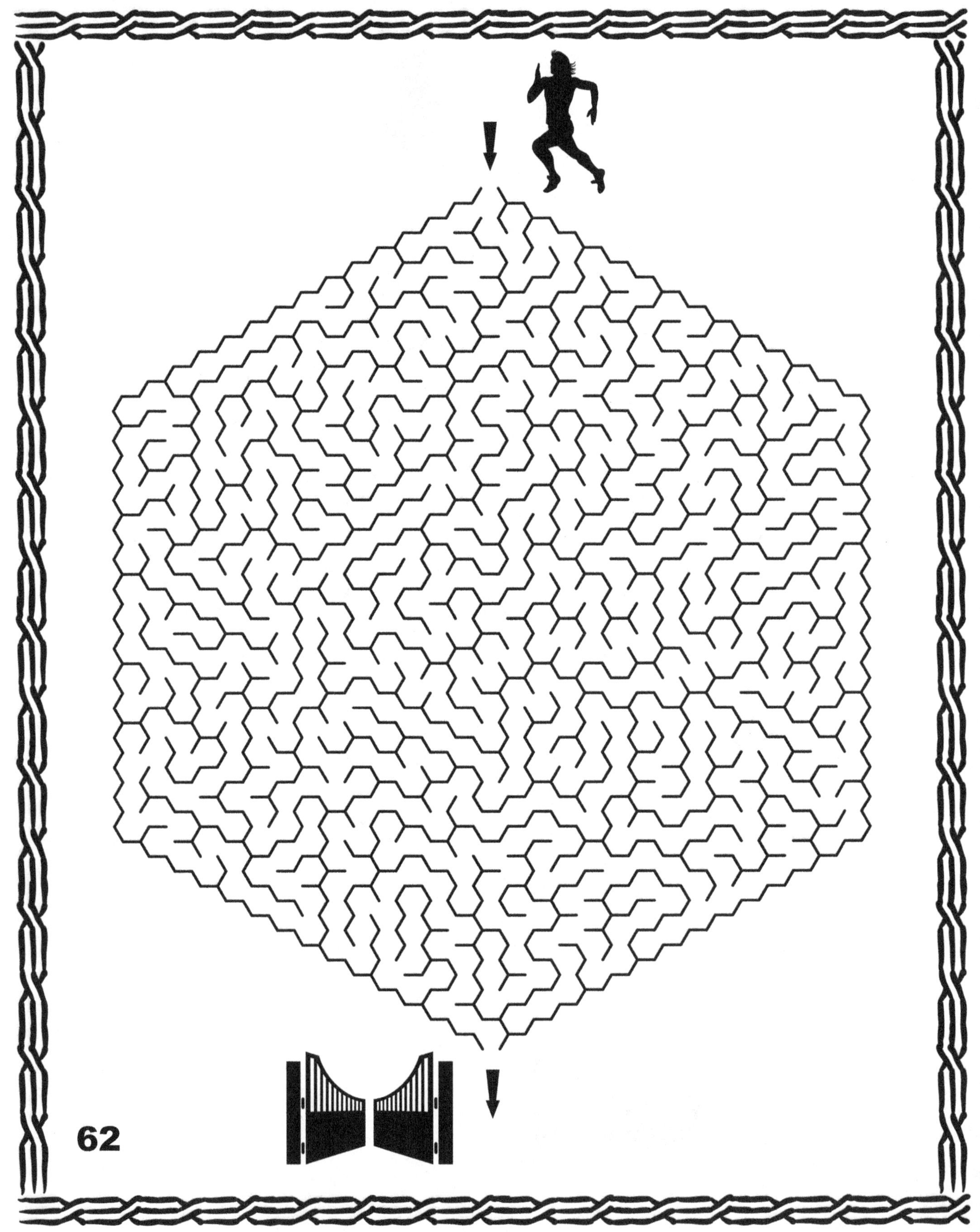

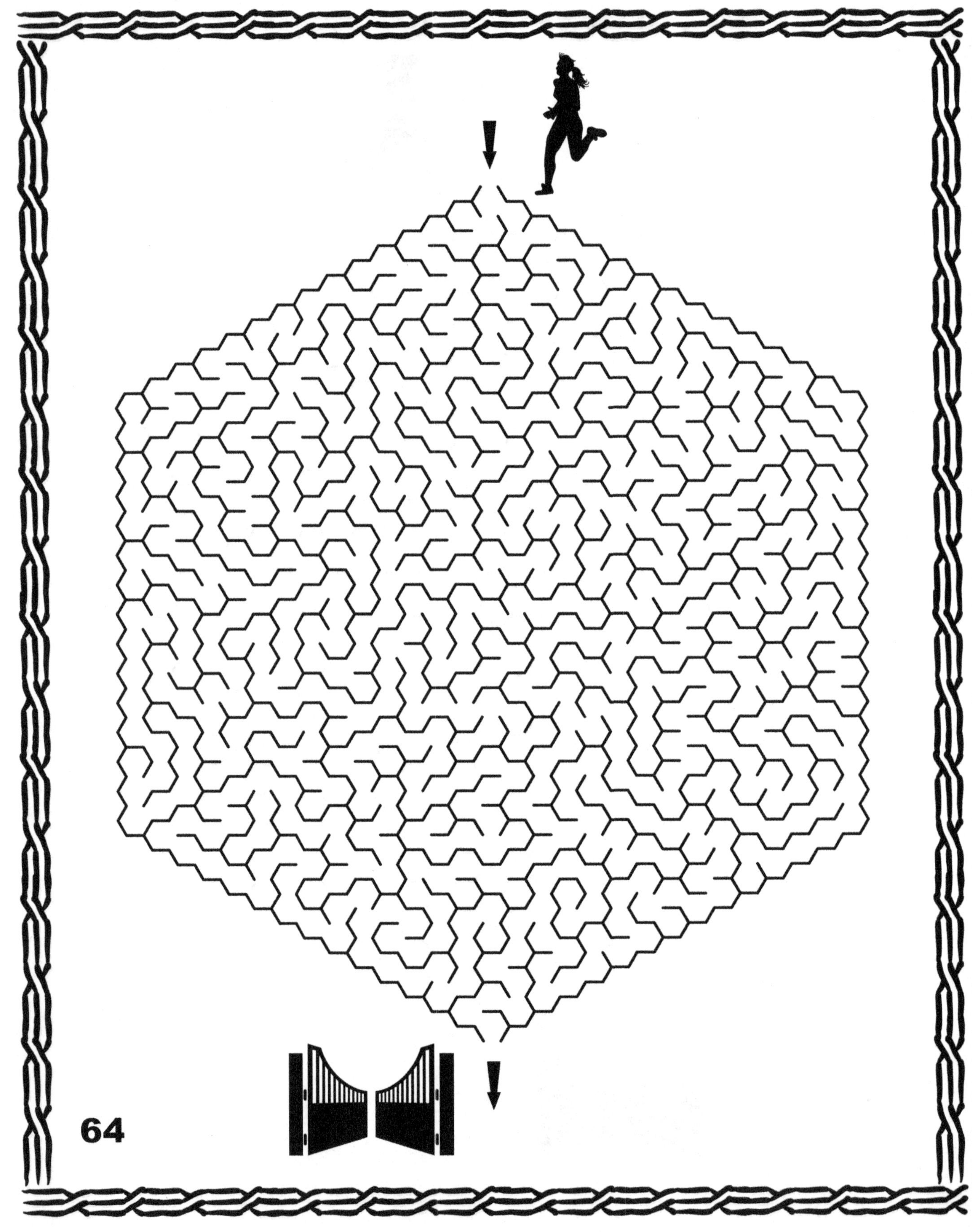

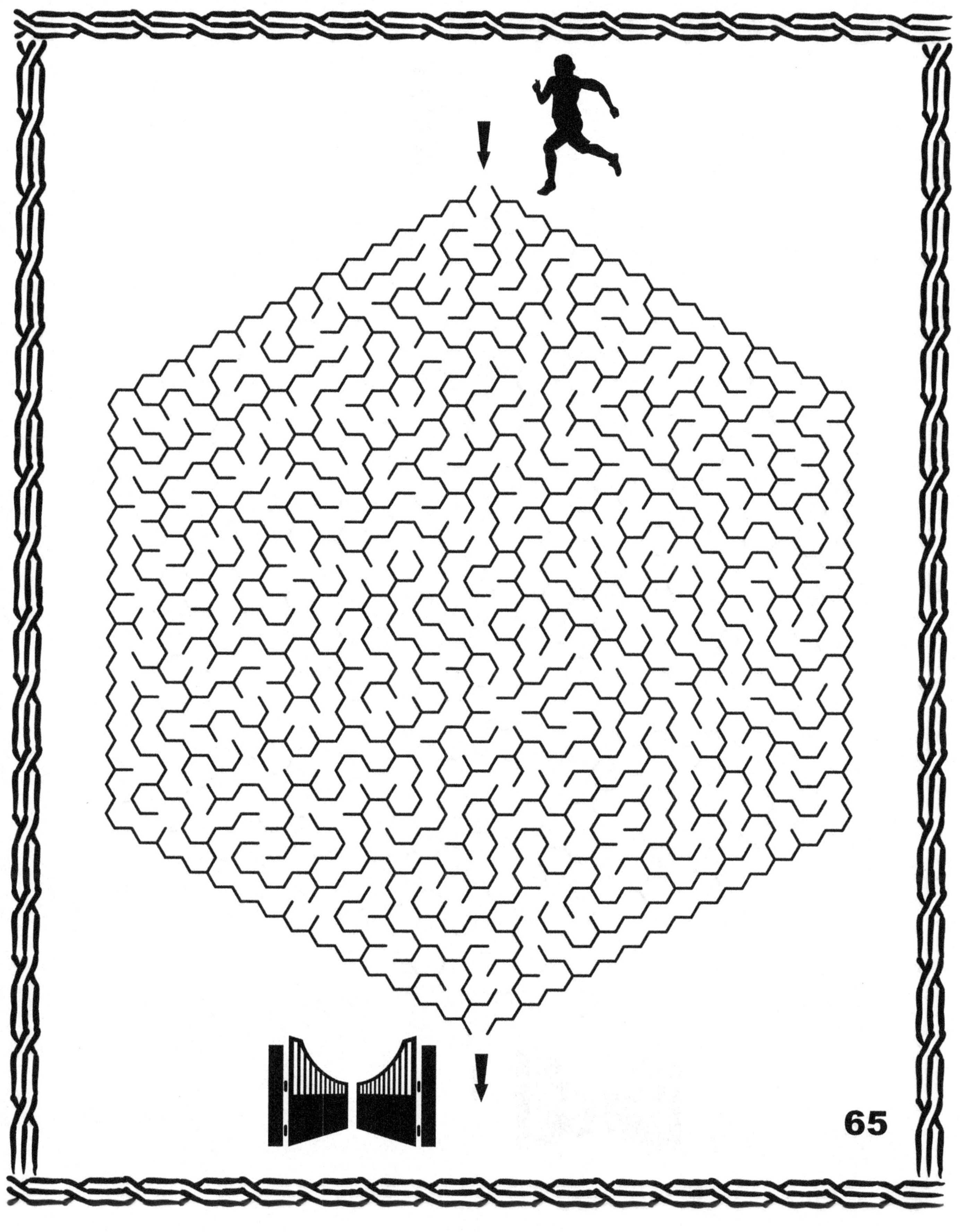

65

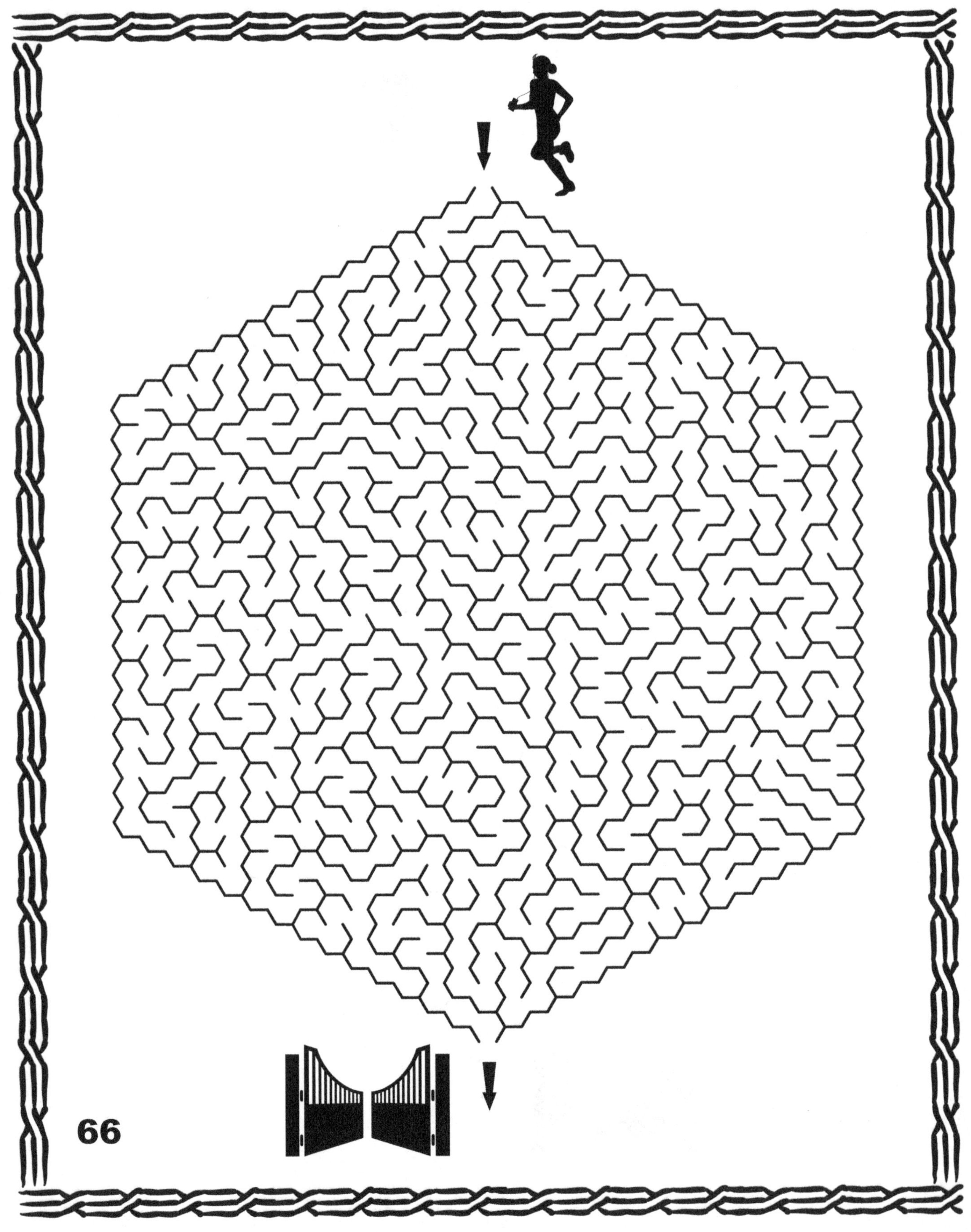

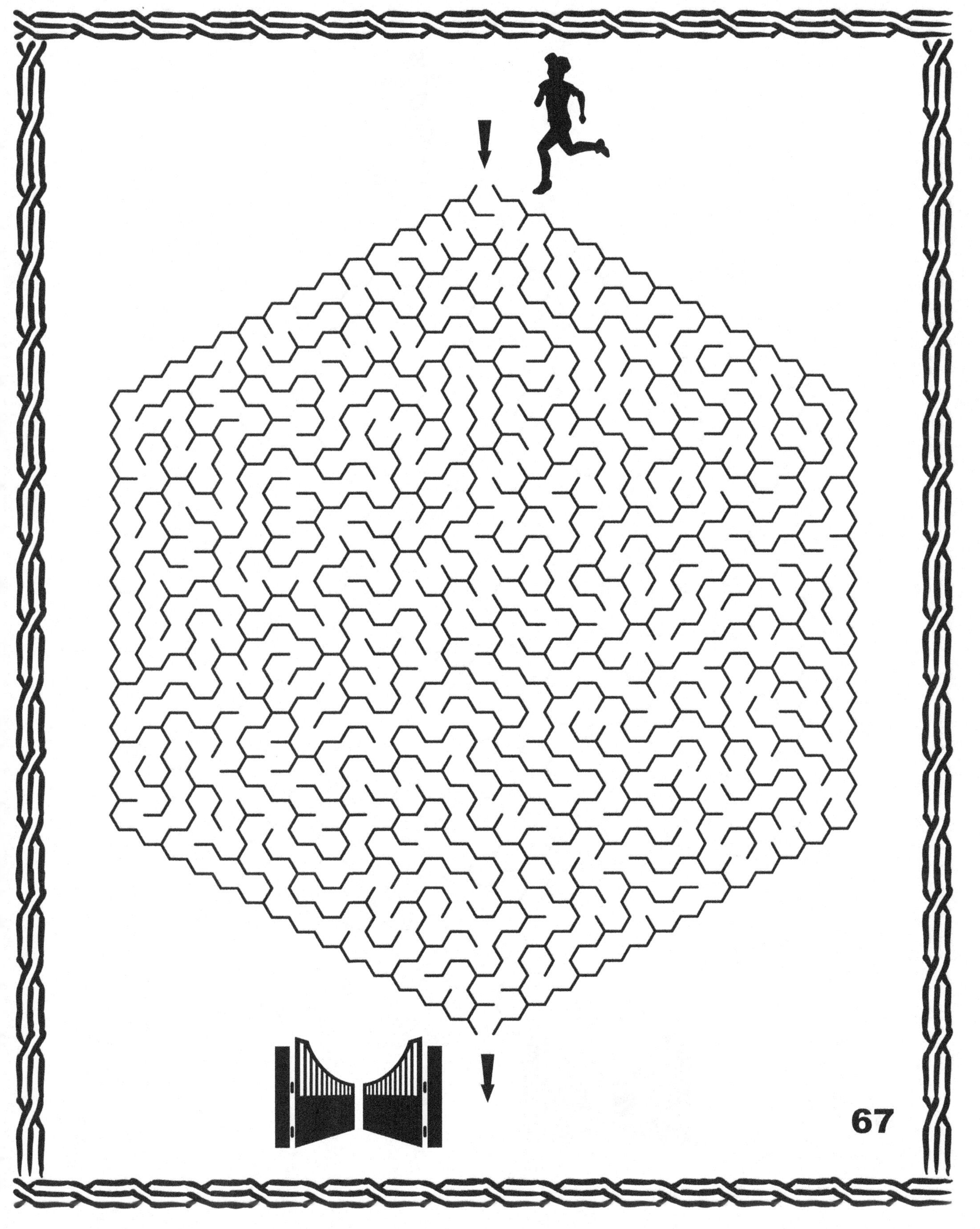

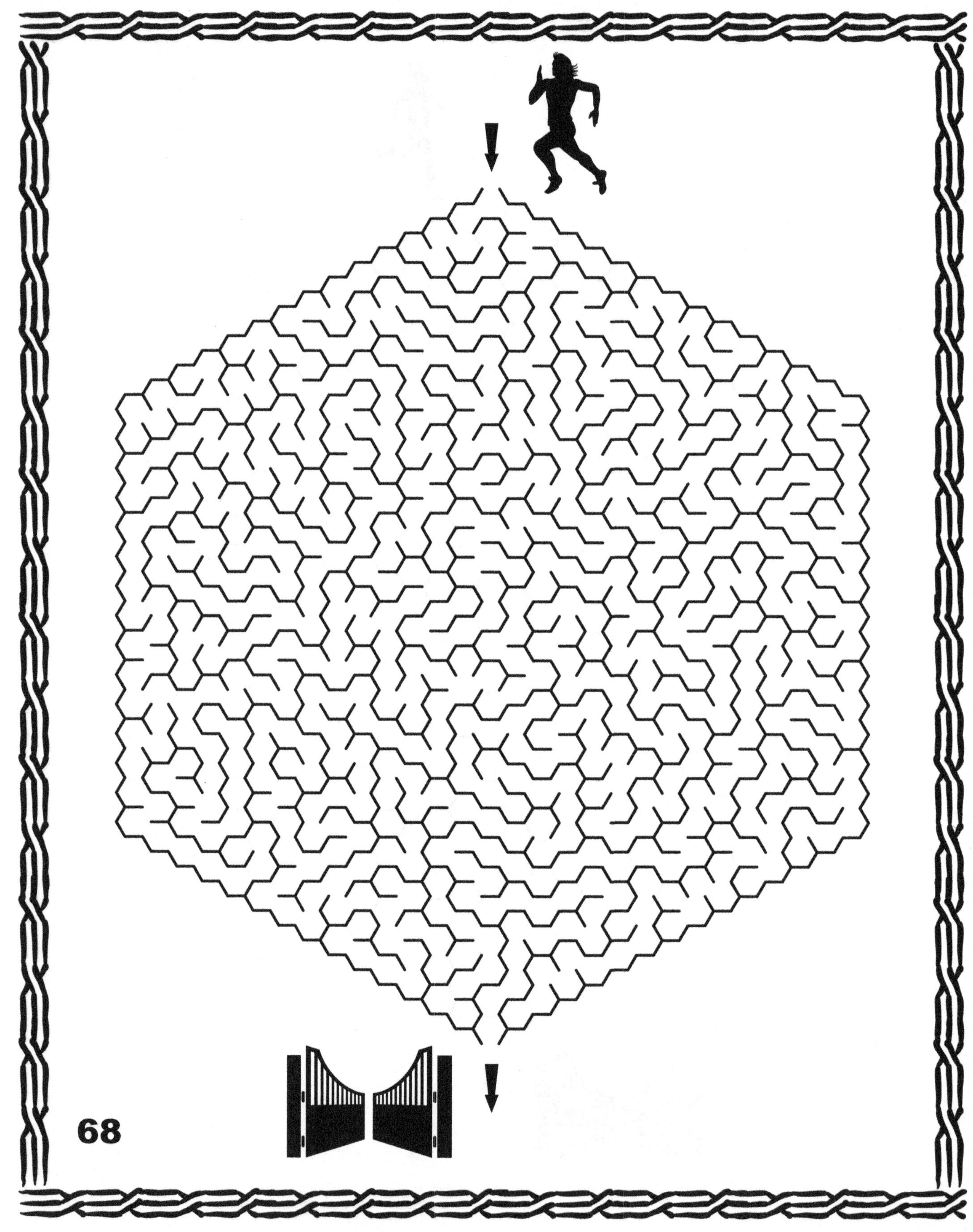

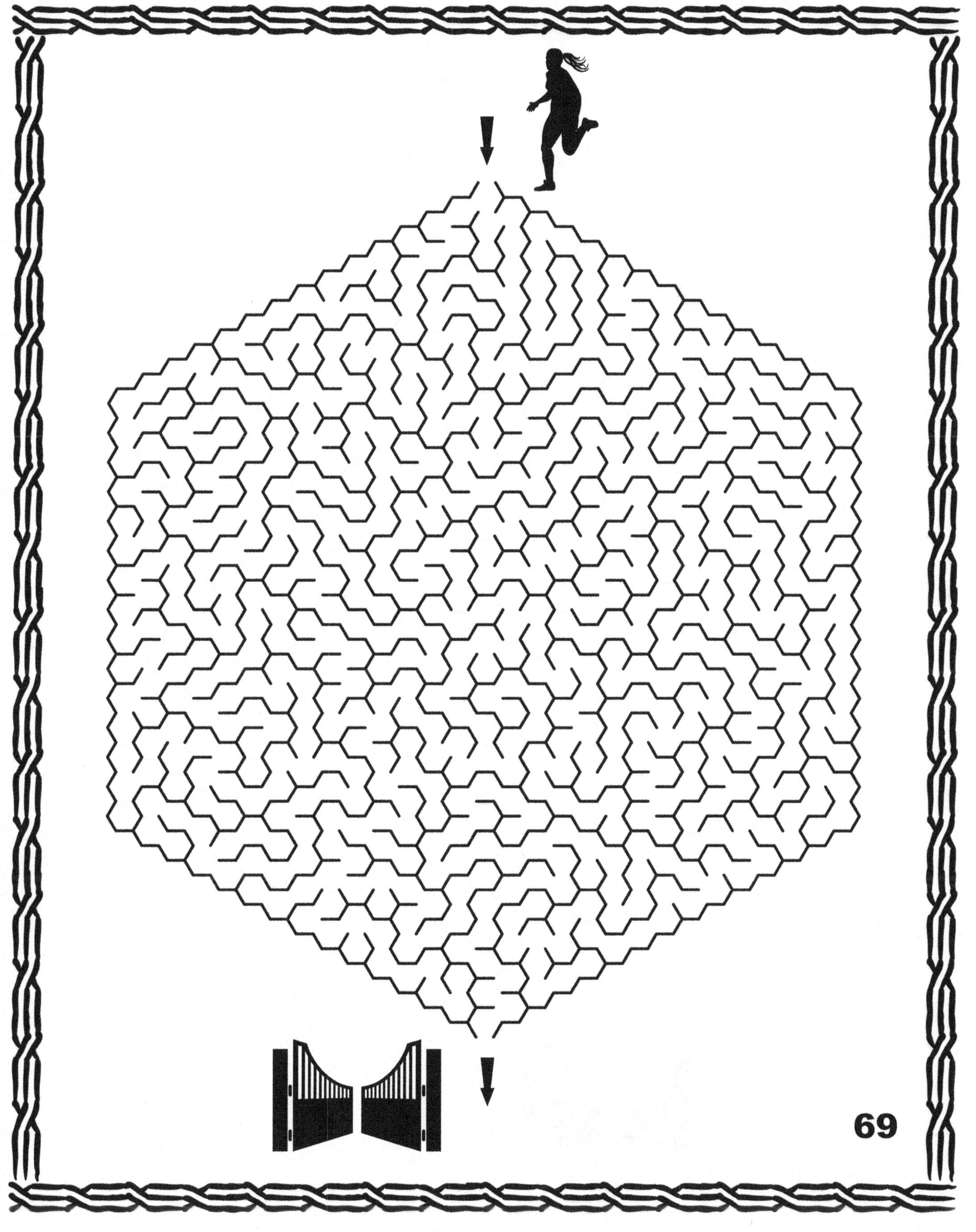

69

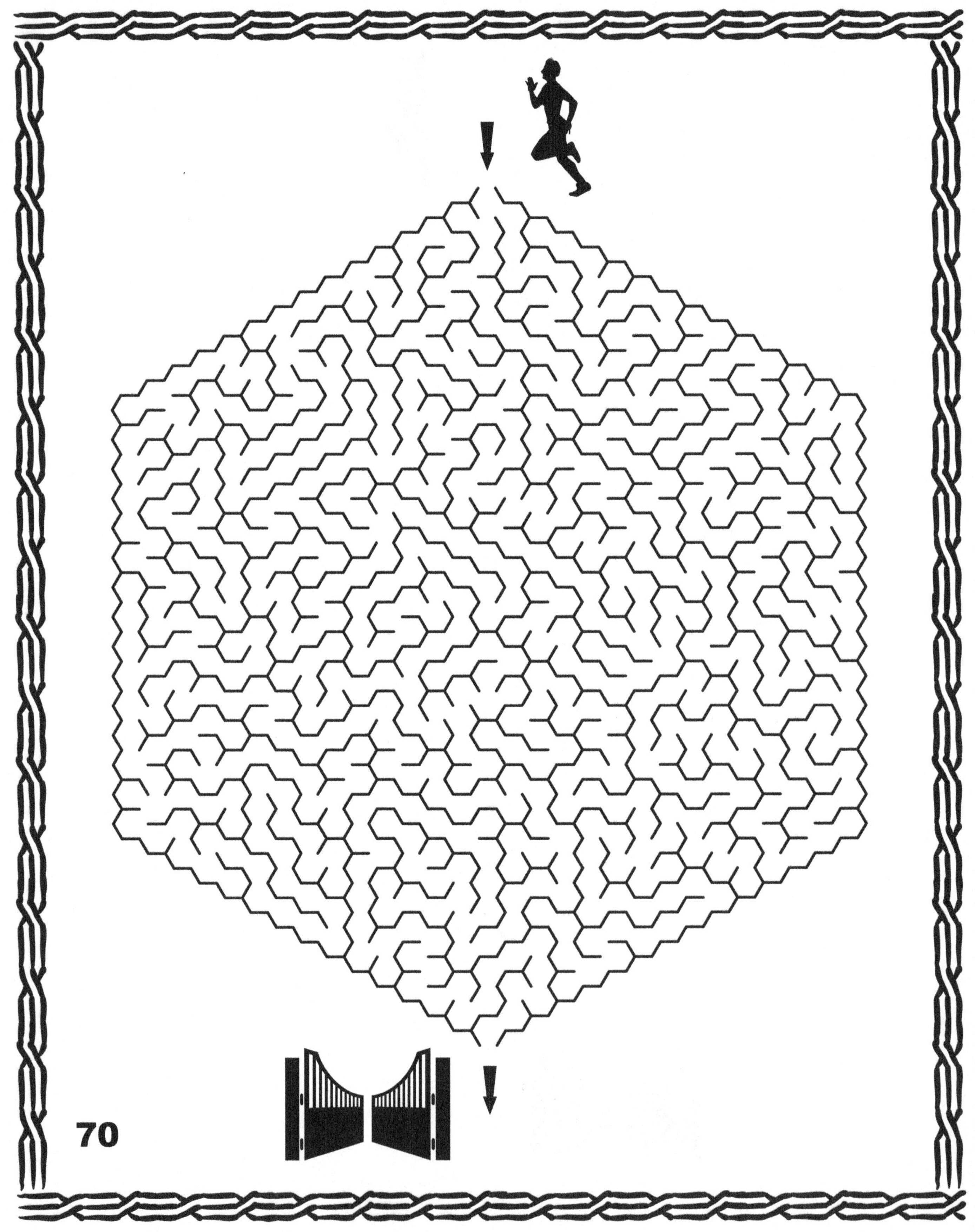

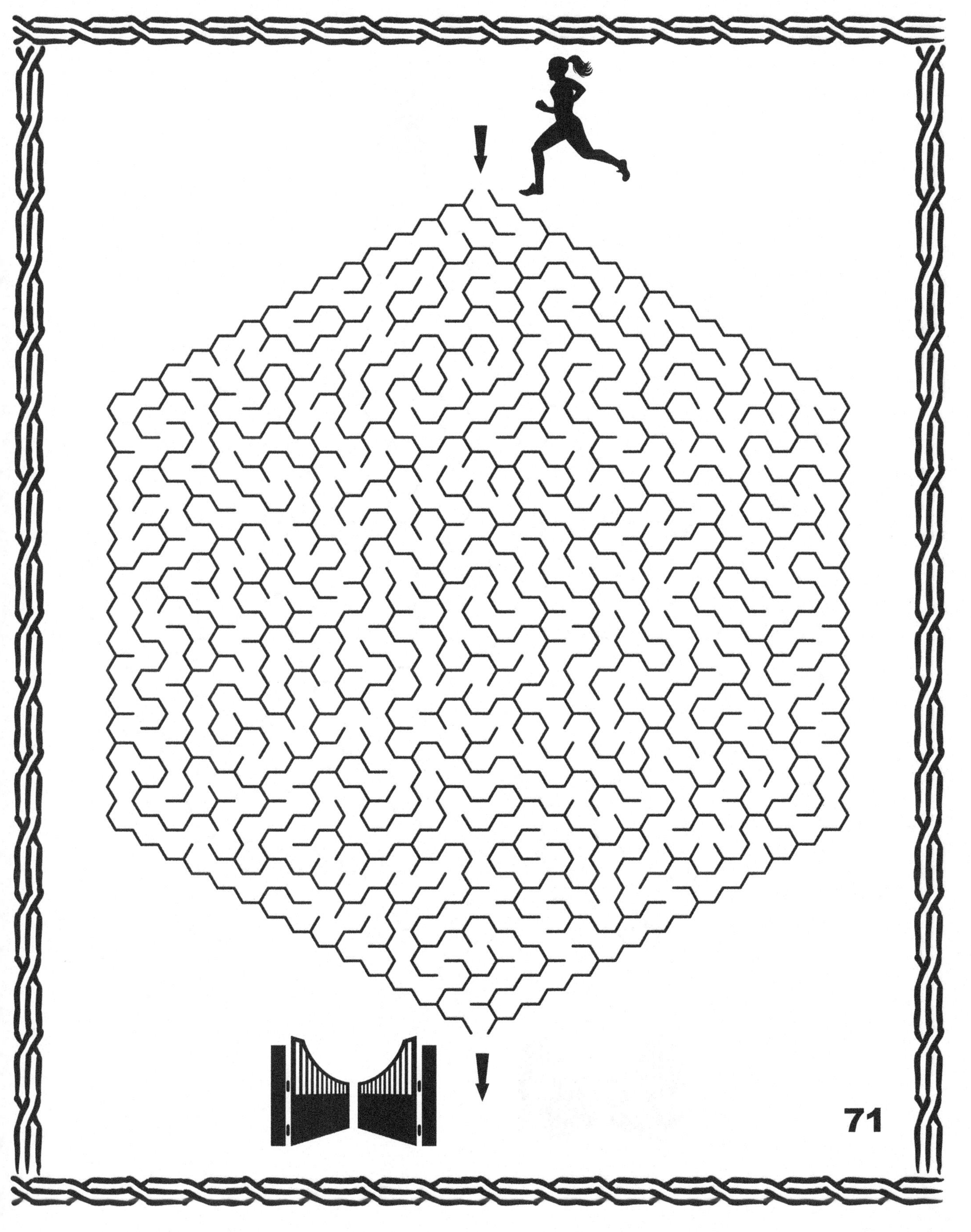

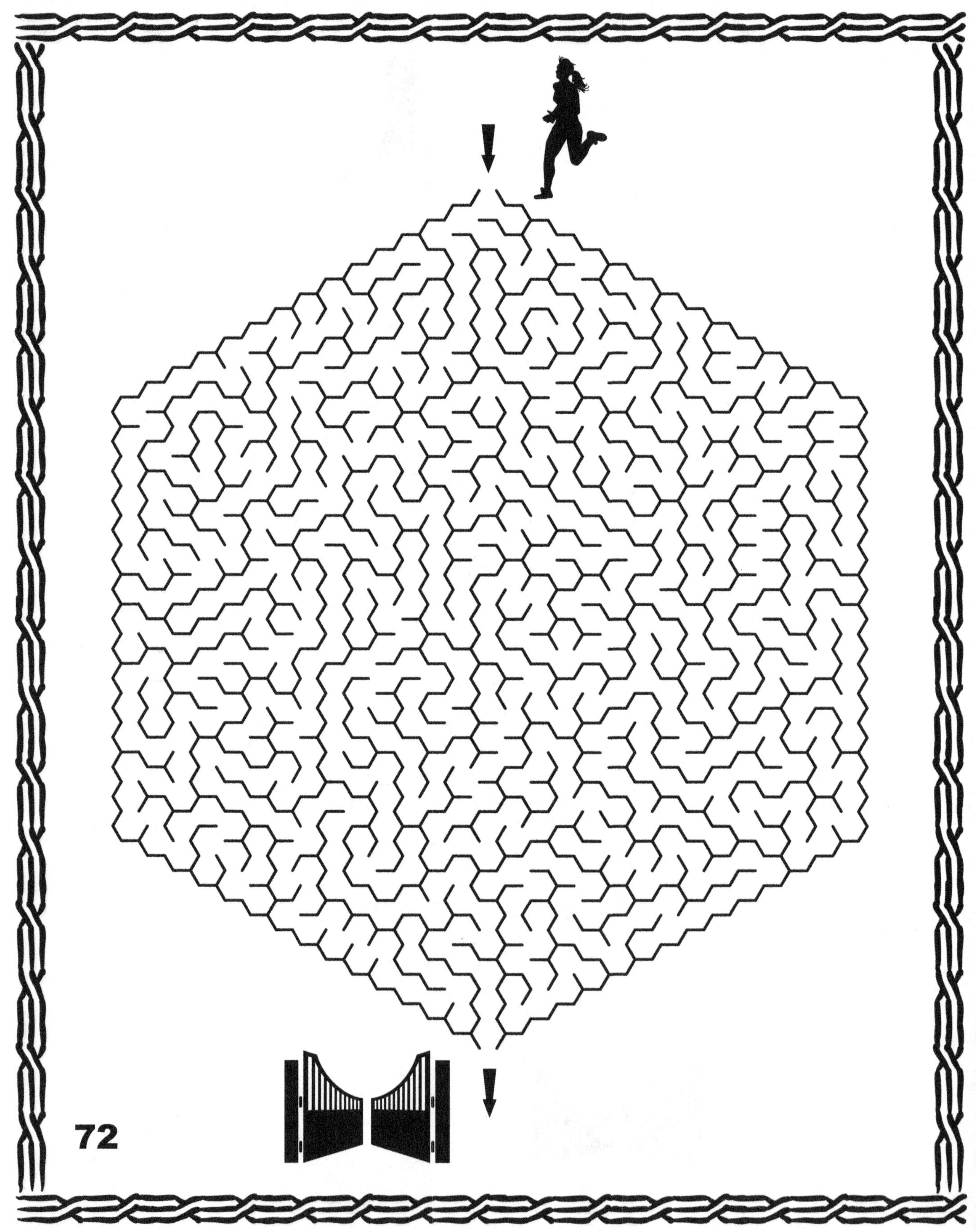

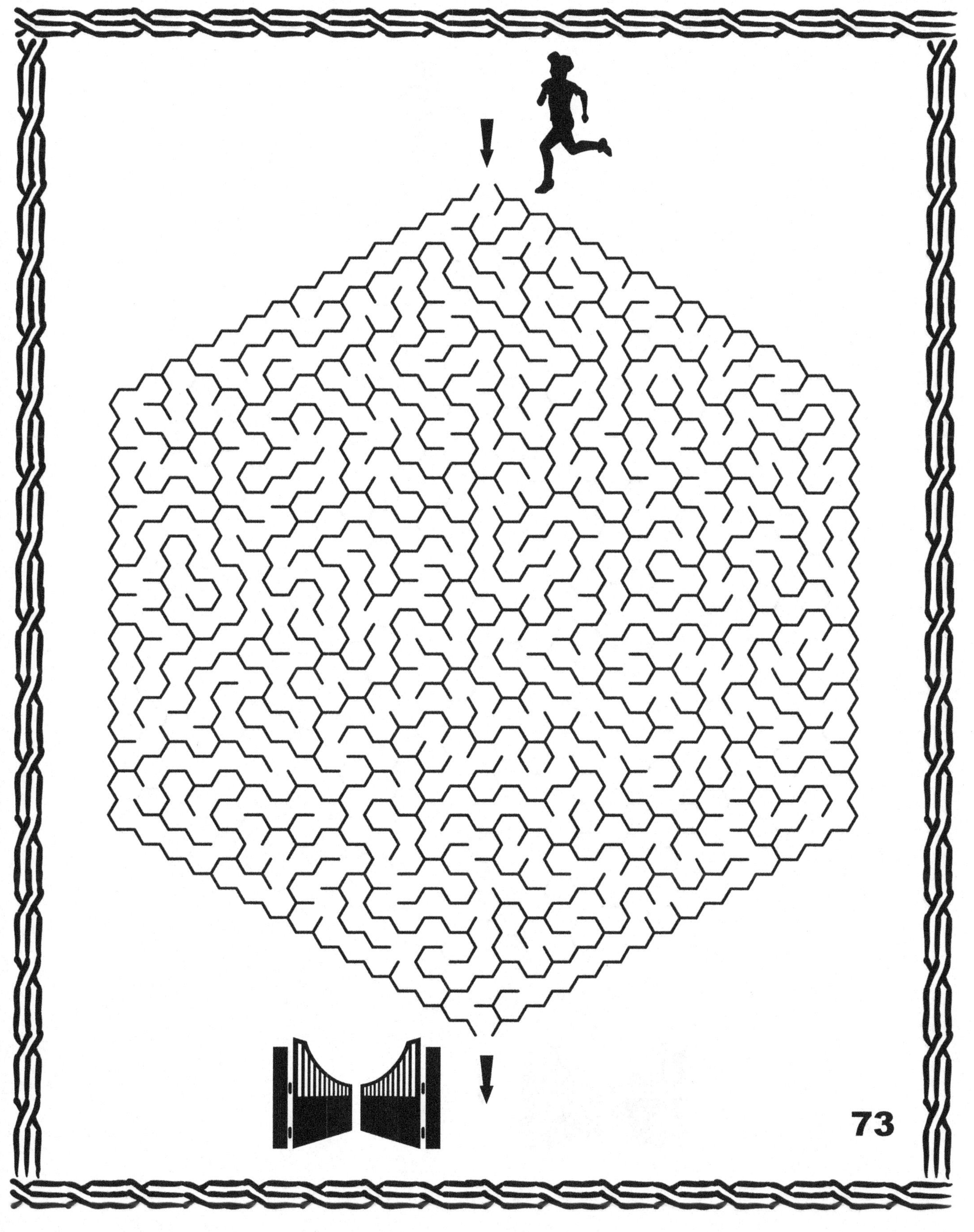

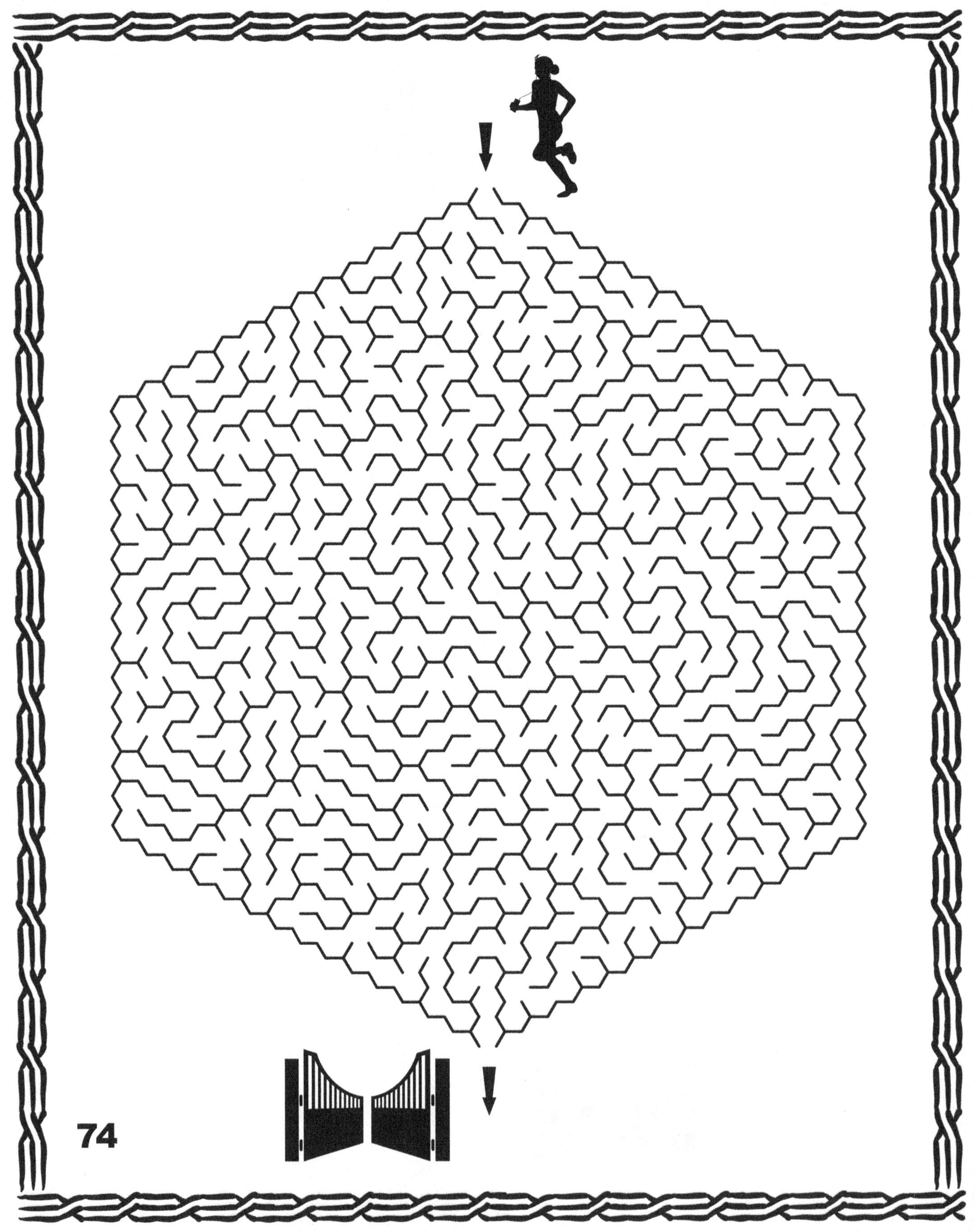

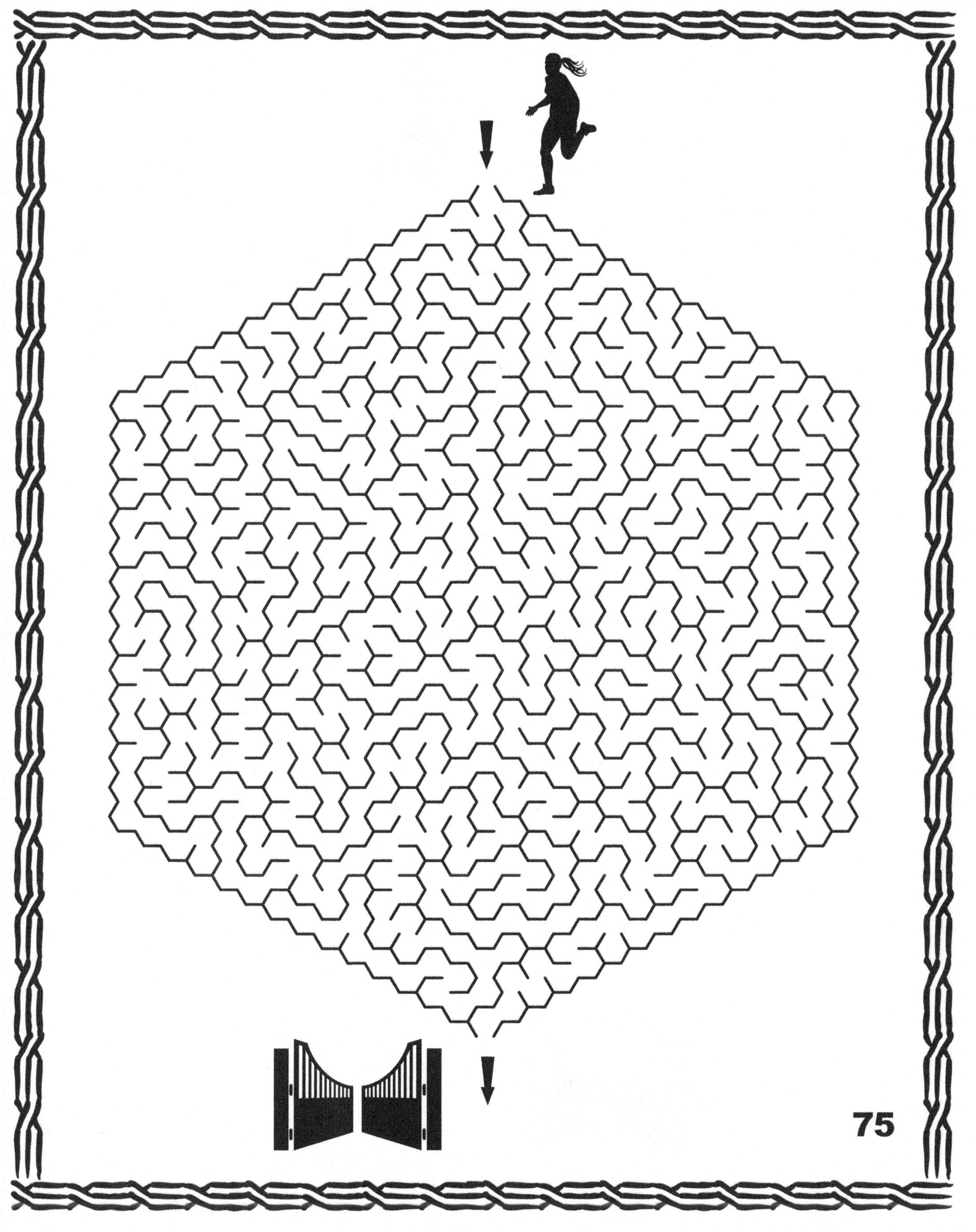

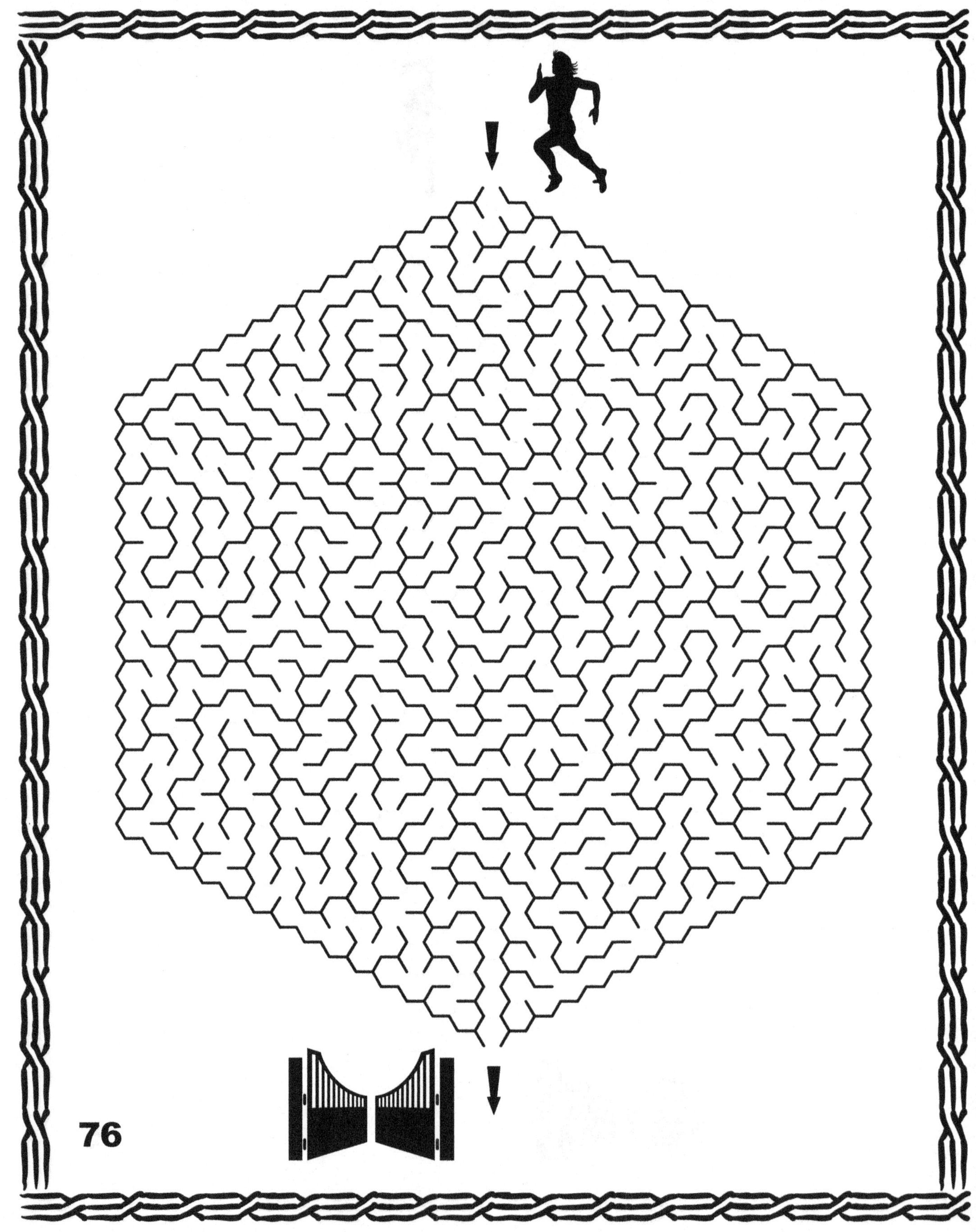

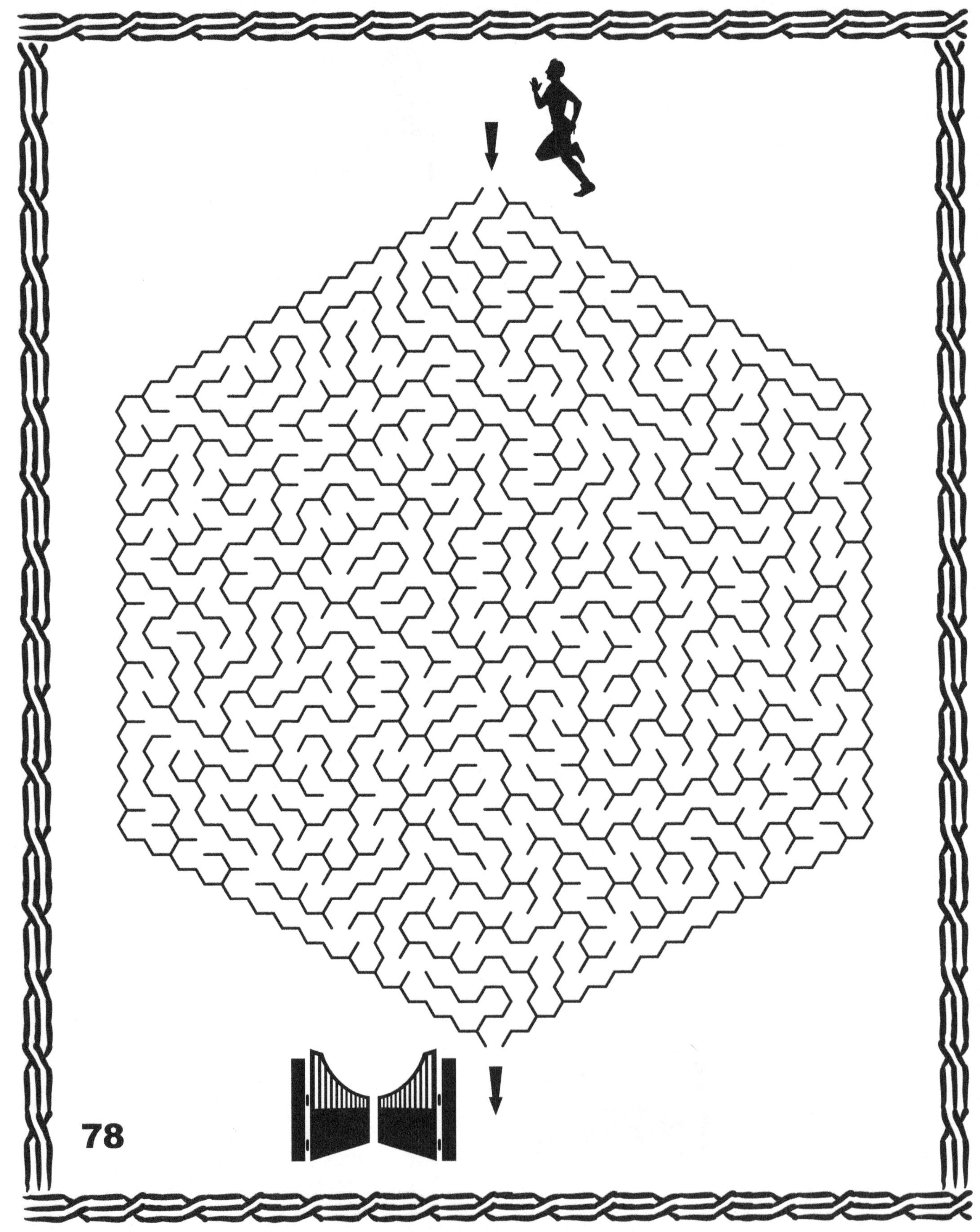

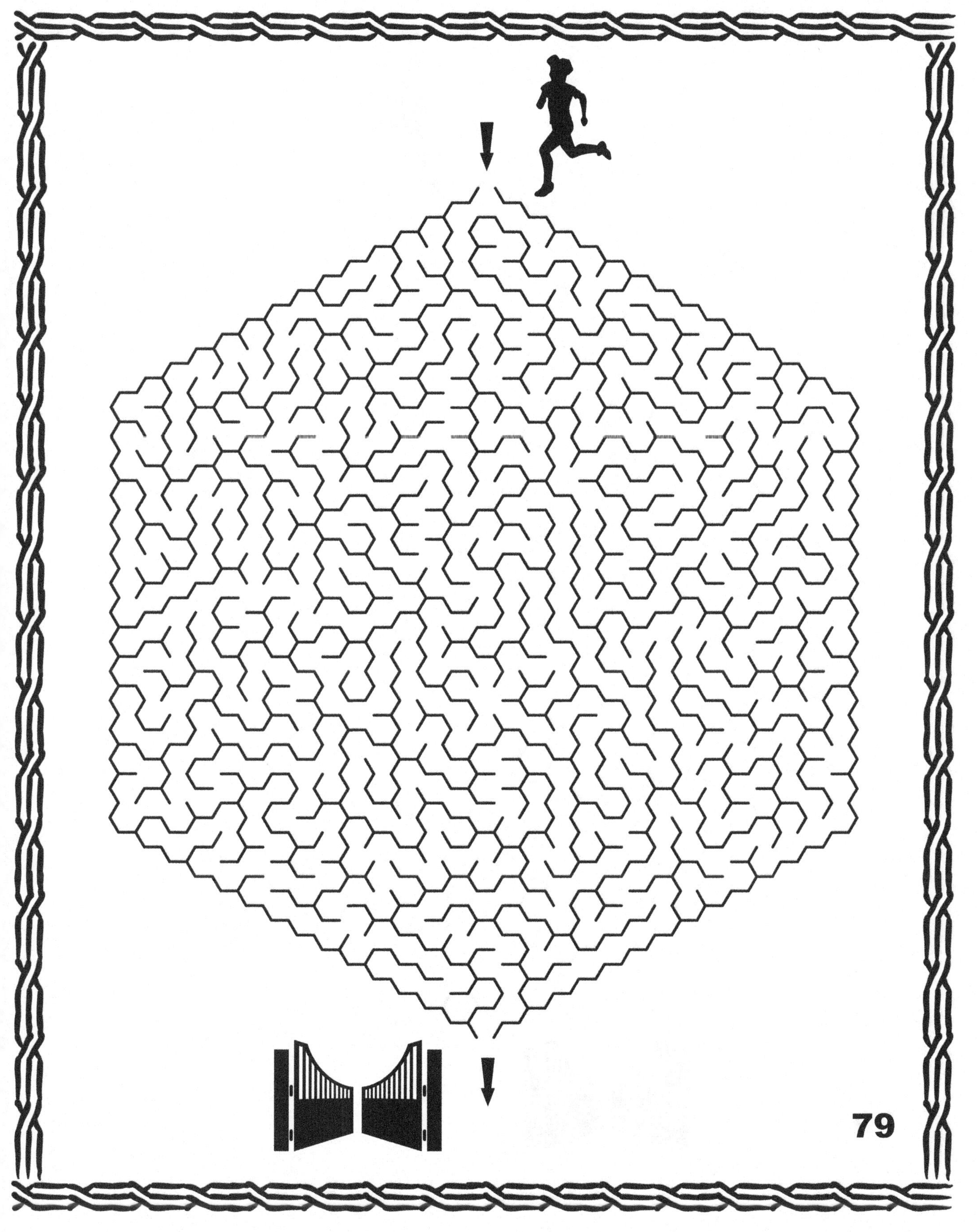

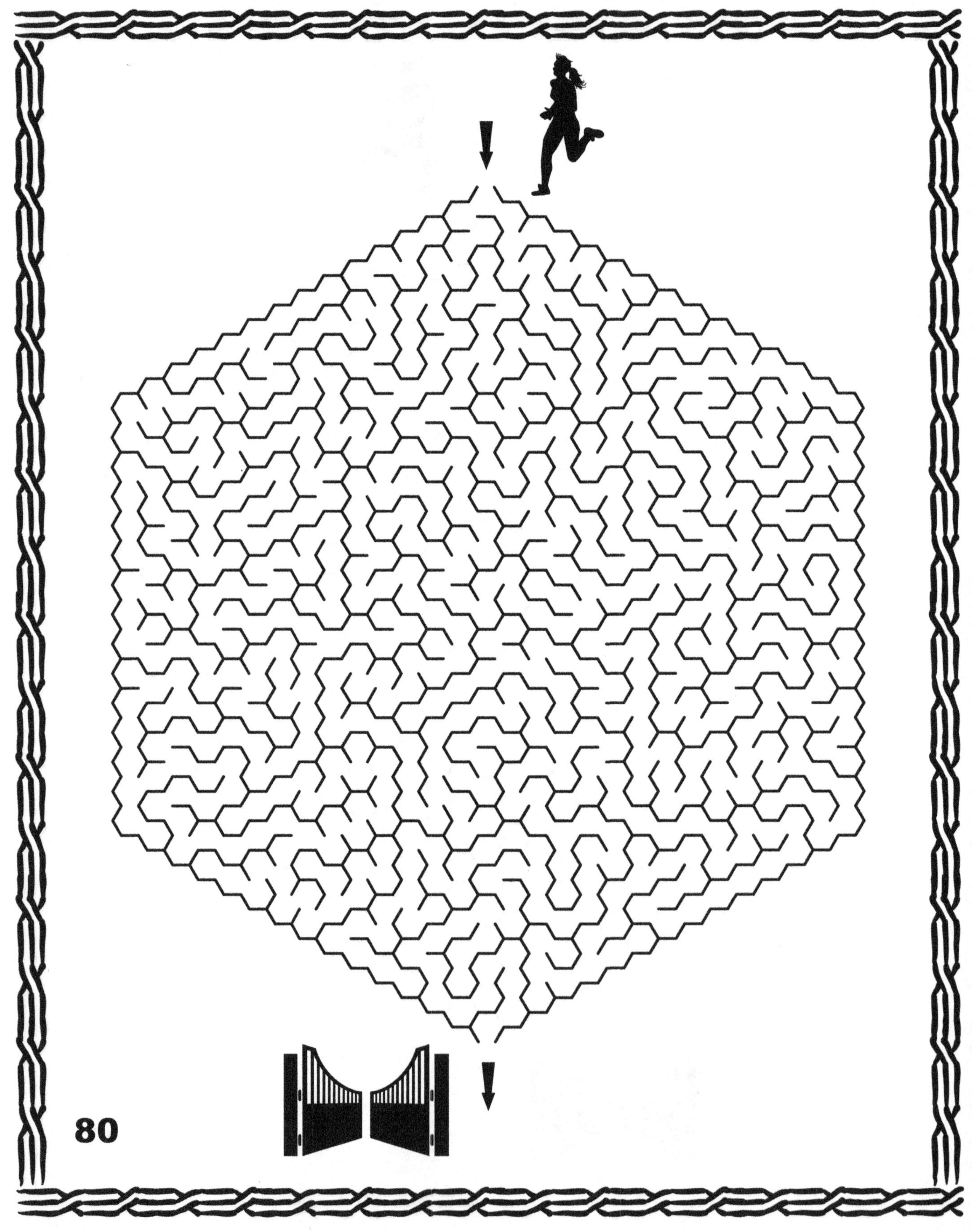

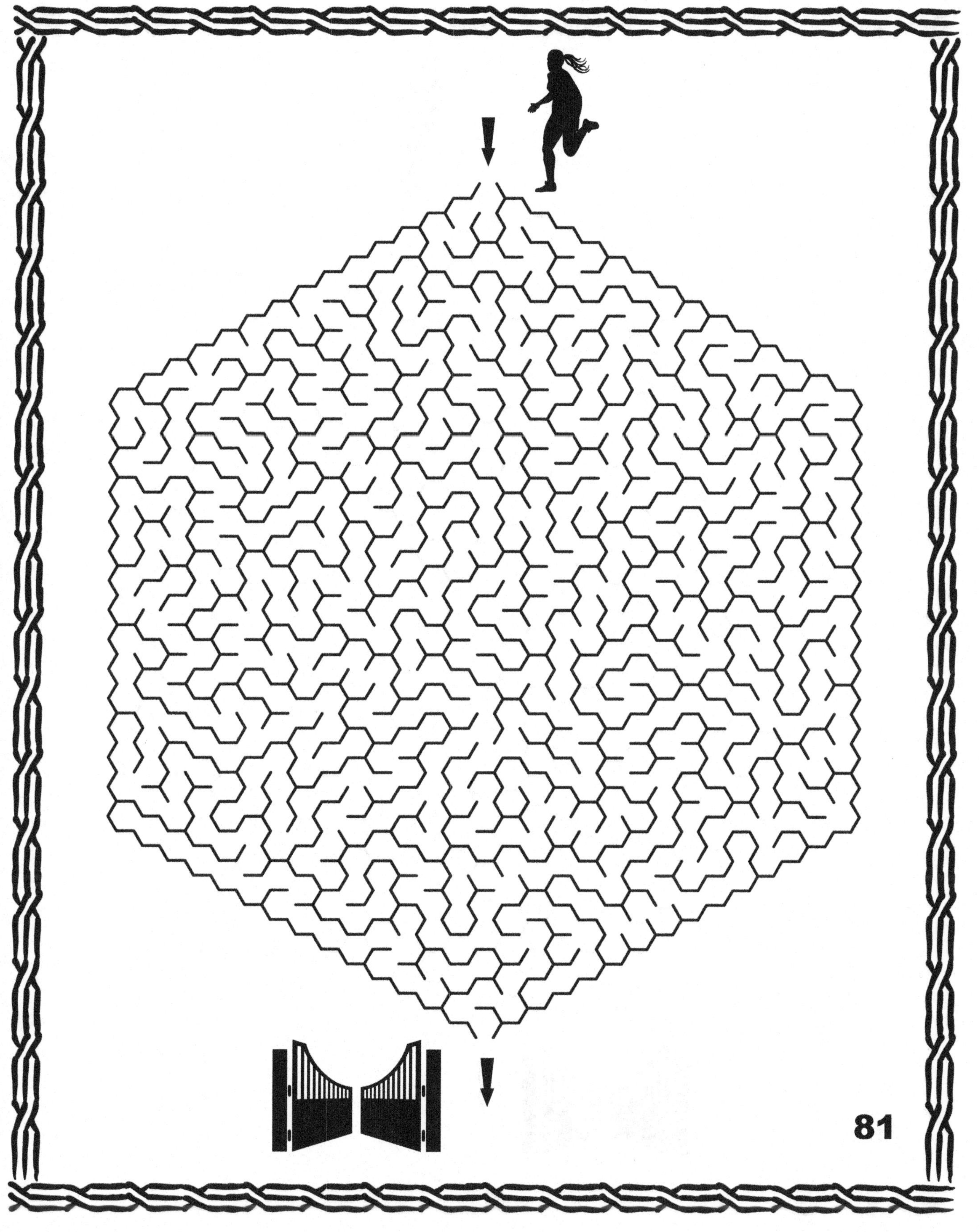

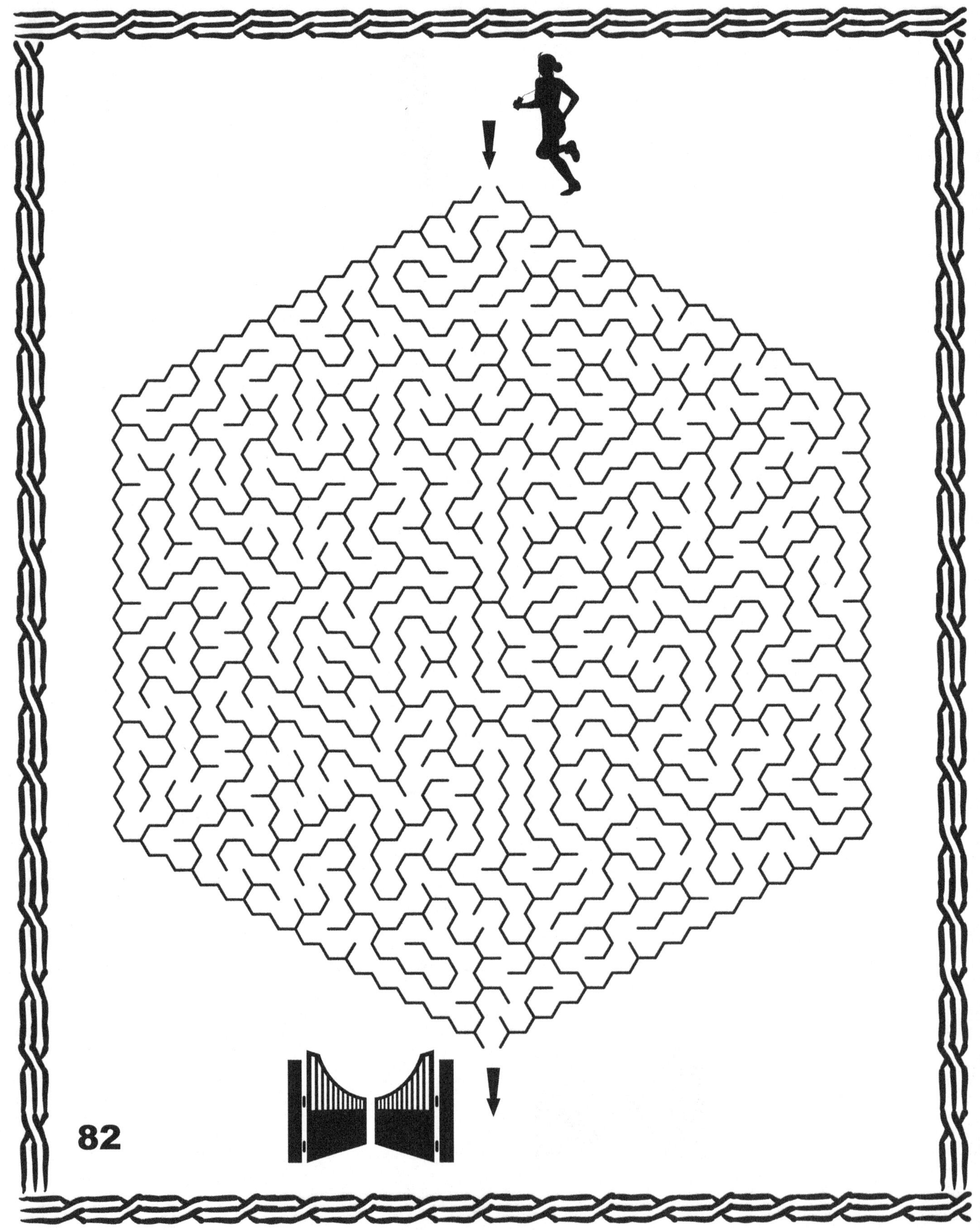

1

2

3

4

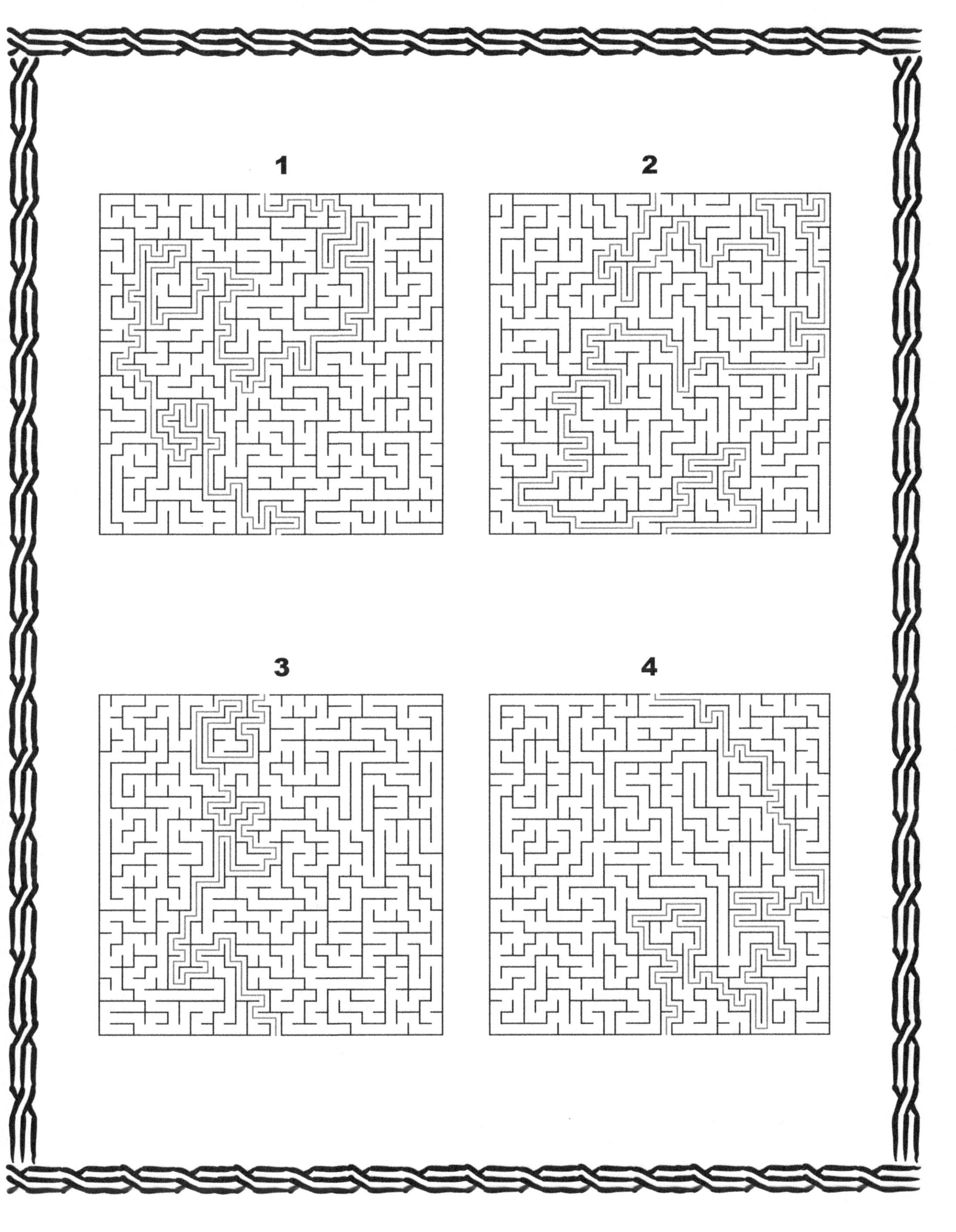

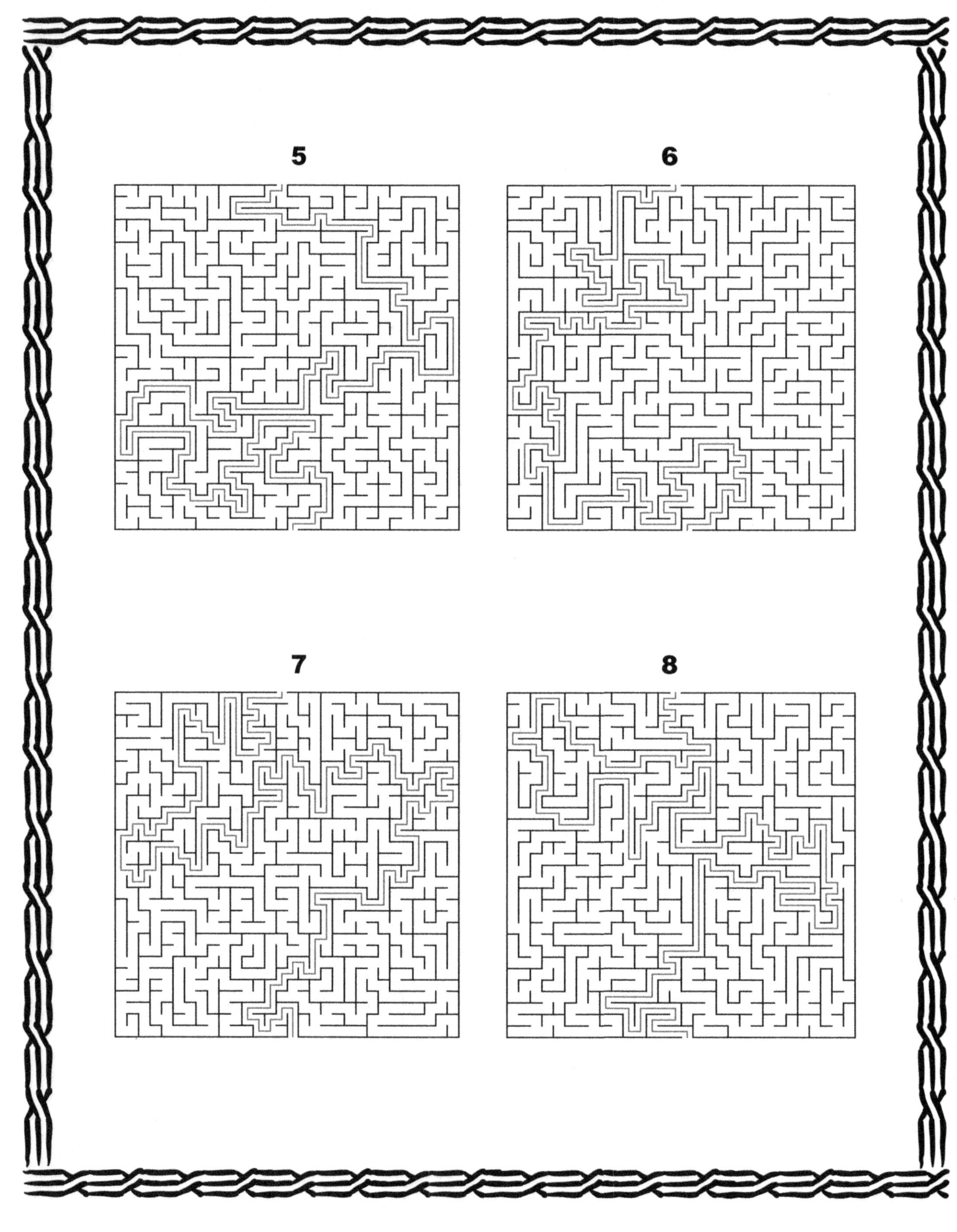

5
6
7
8

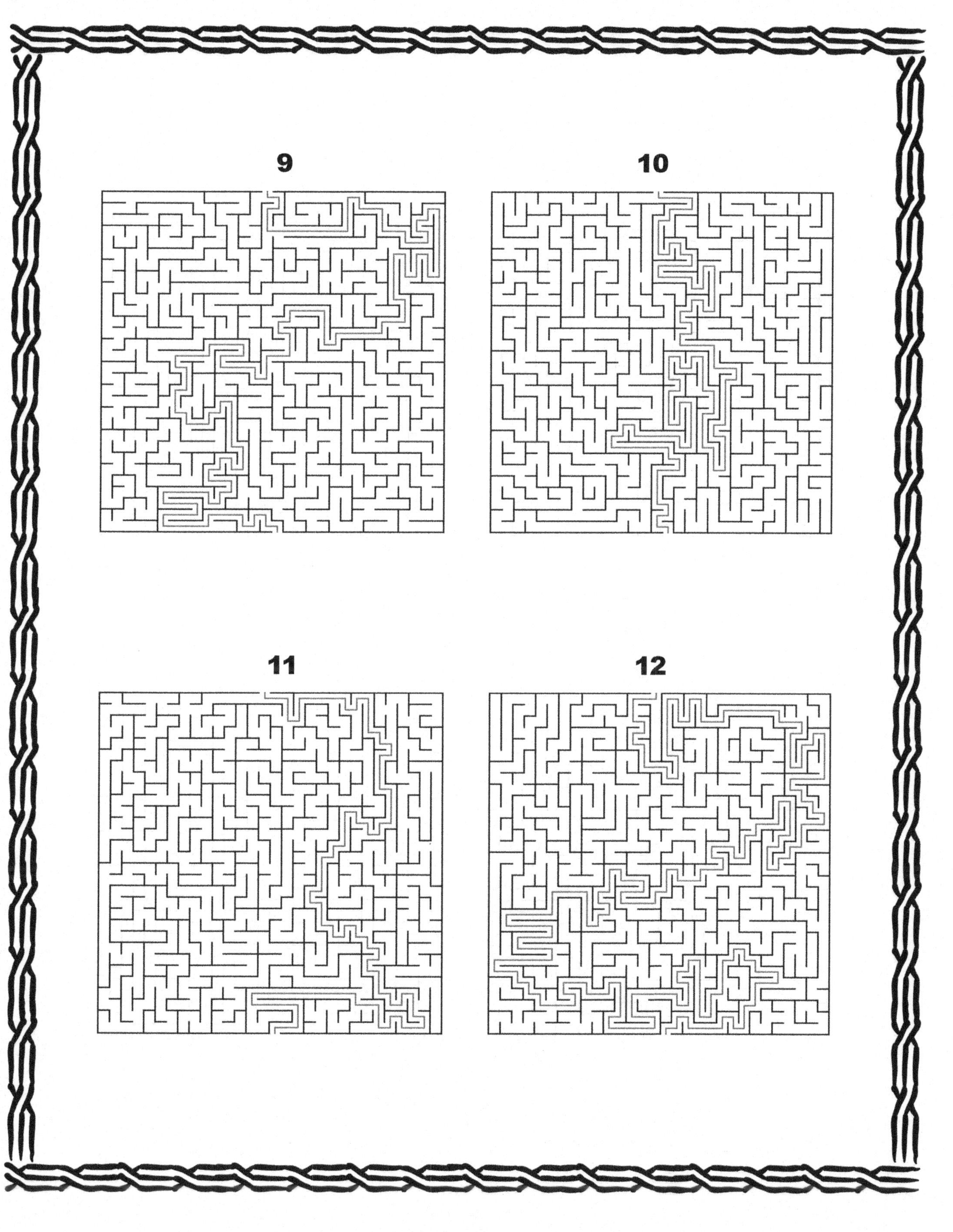

9
10
11
12

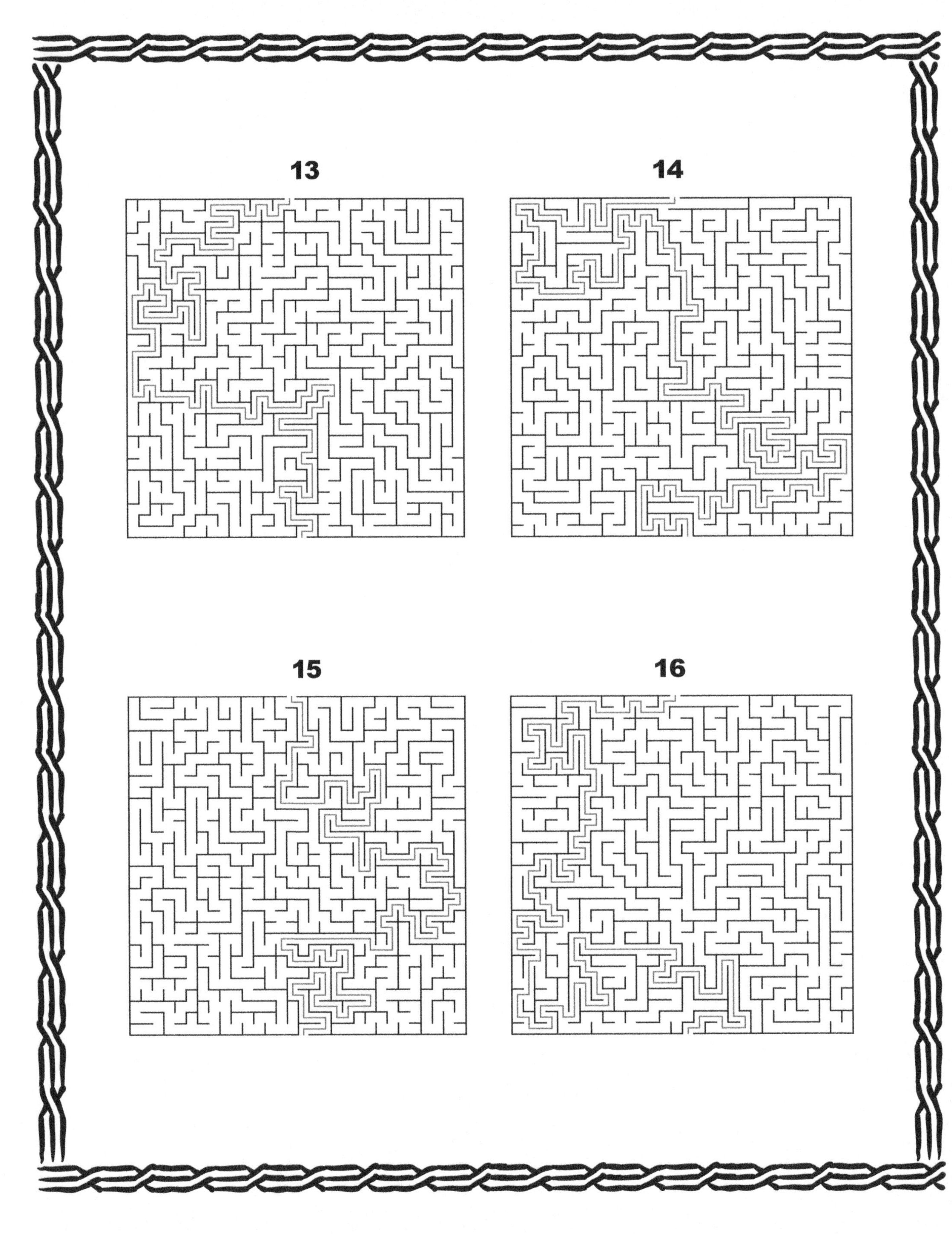

13
14
15
16

17   **18**

19   **20**

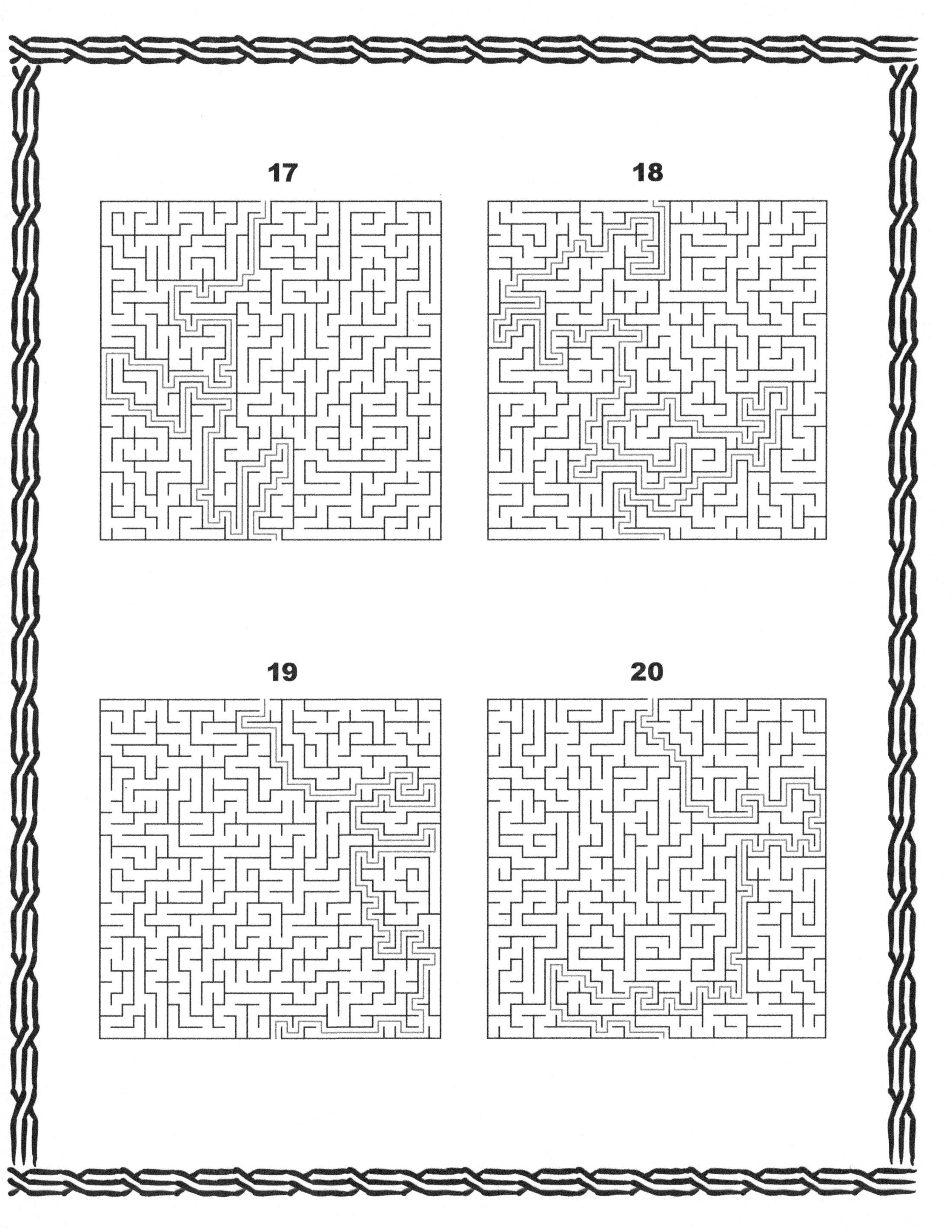

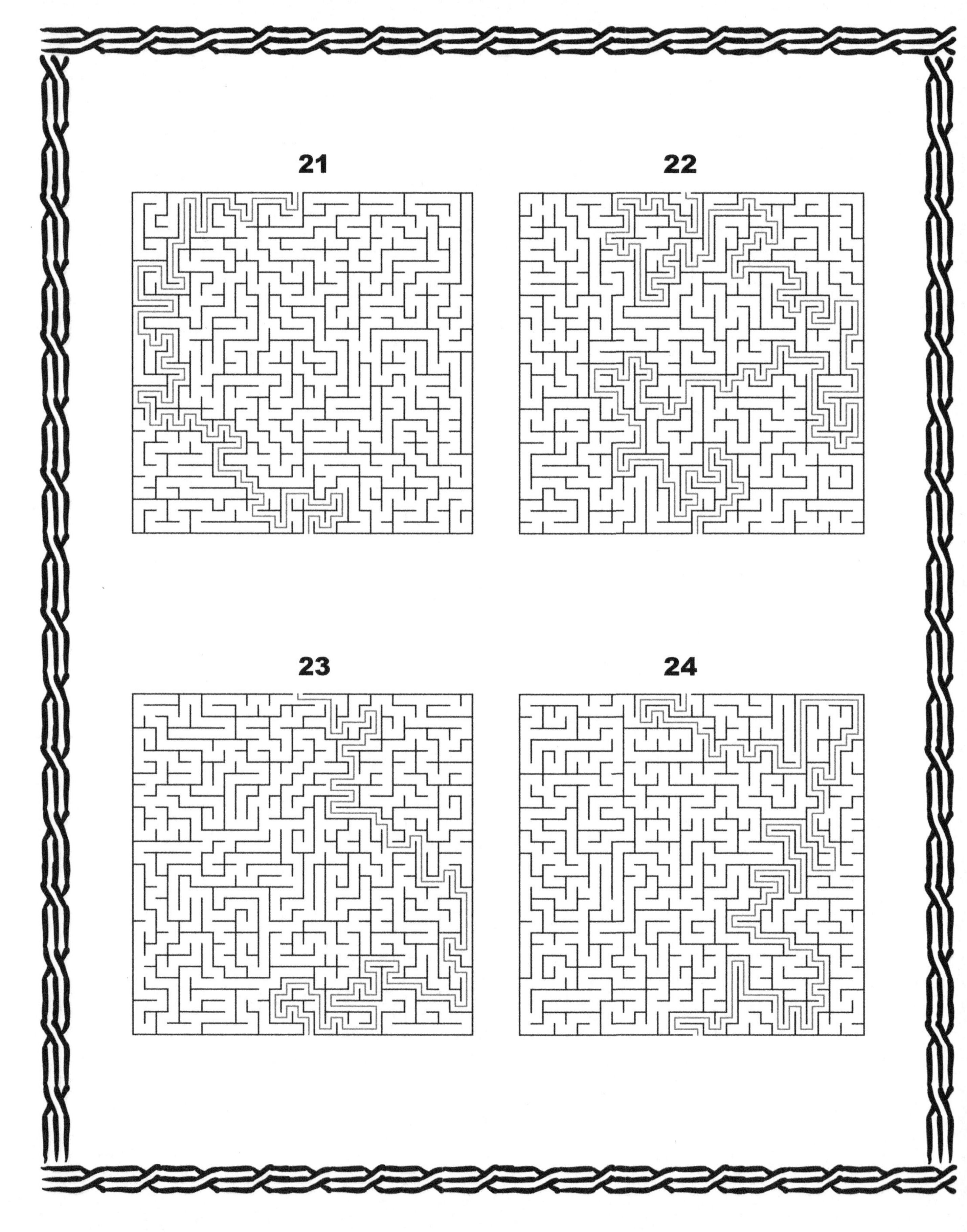

21
22
23
24

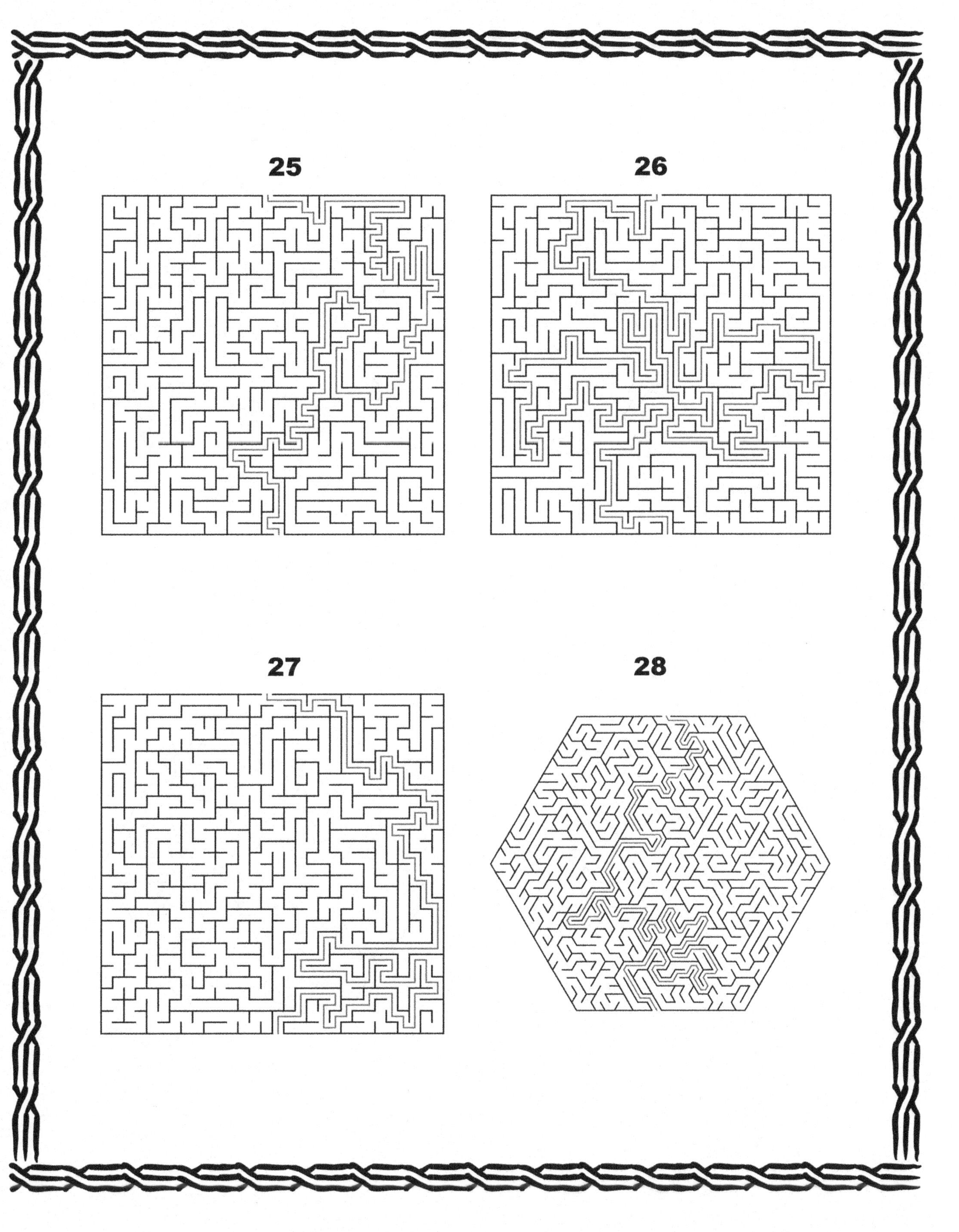

25

26

27

28

29

30

31

32

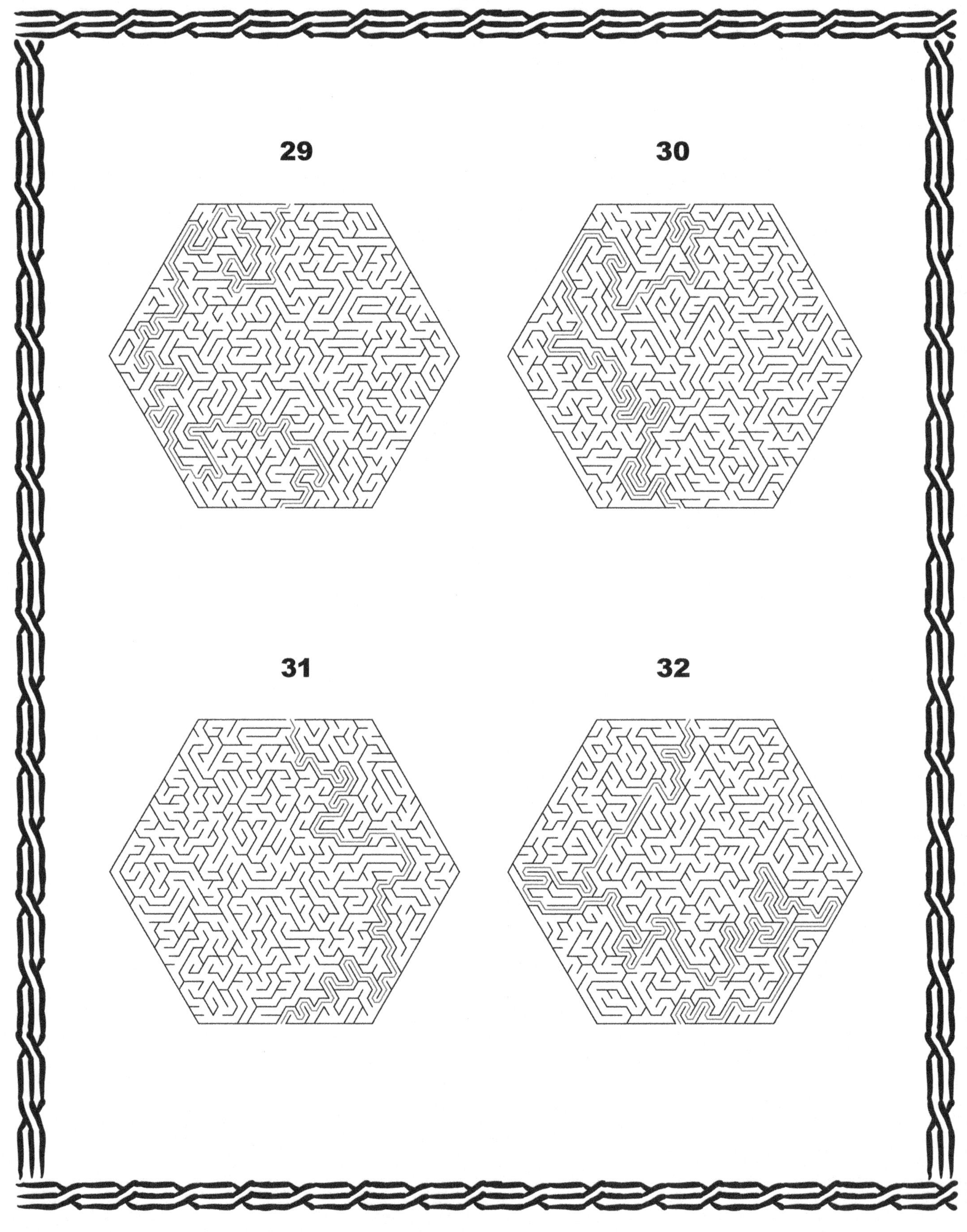

33

34

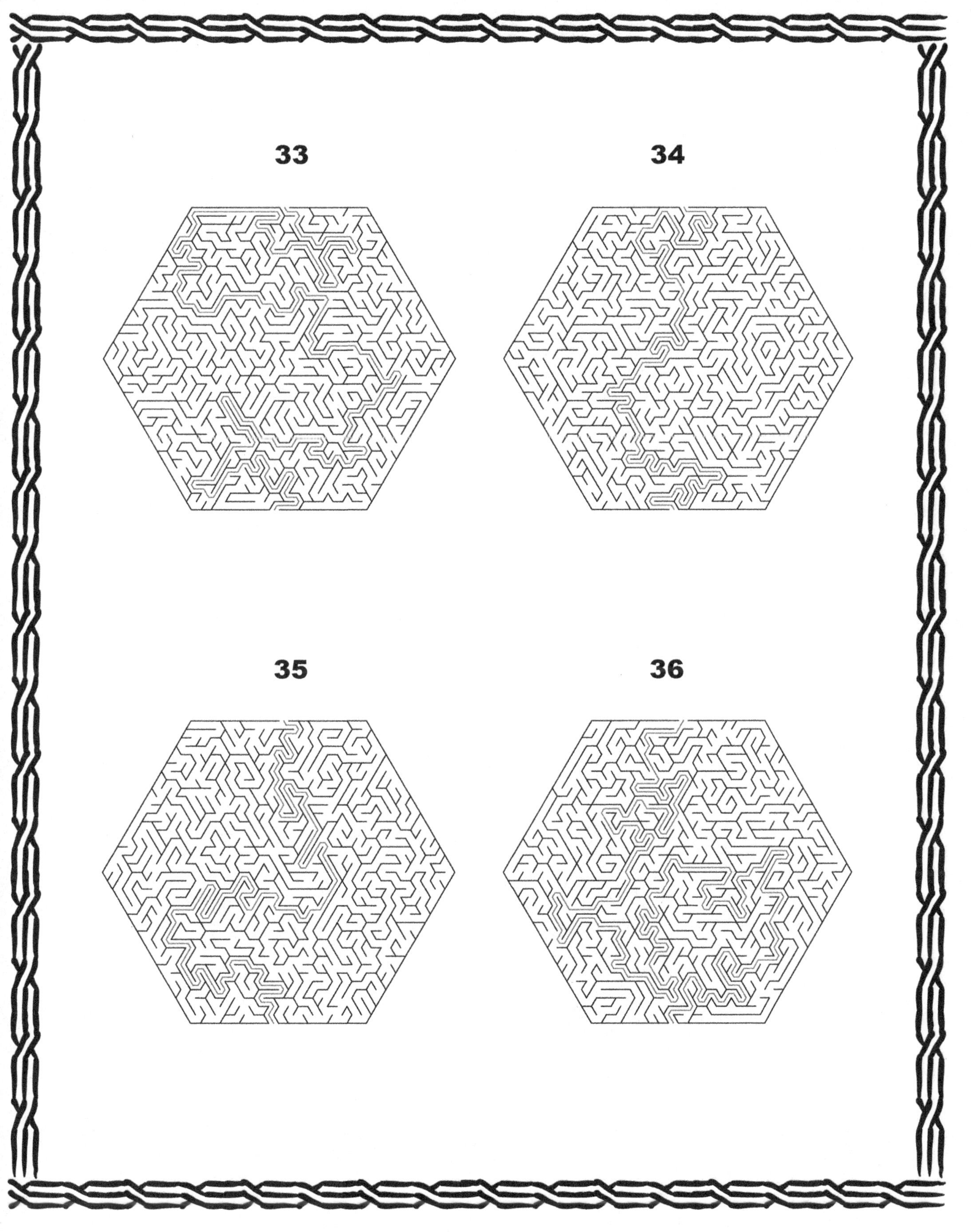

35

36

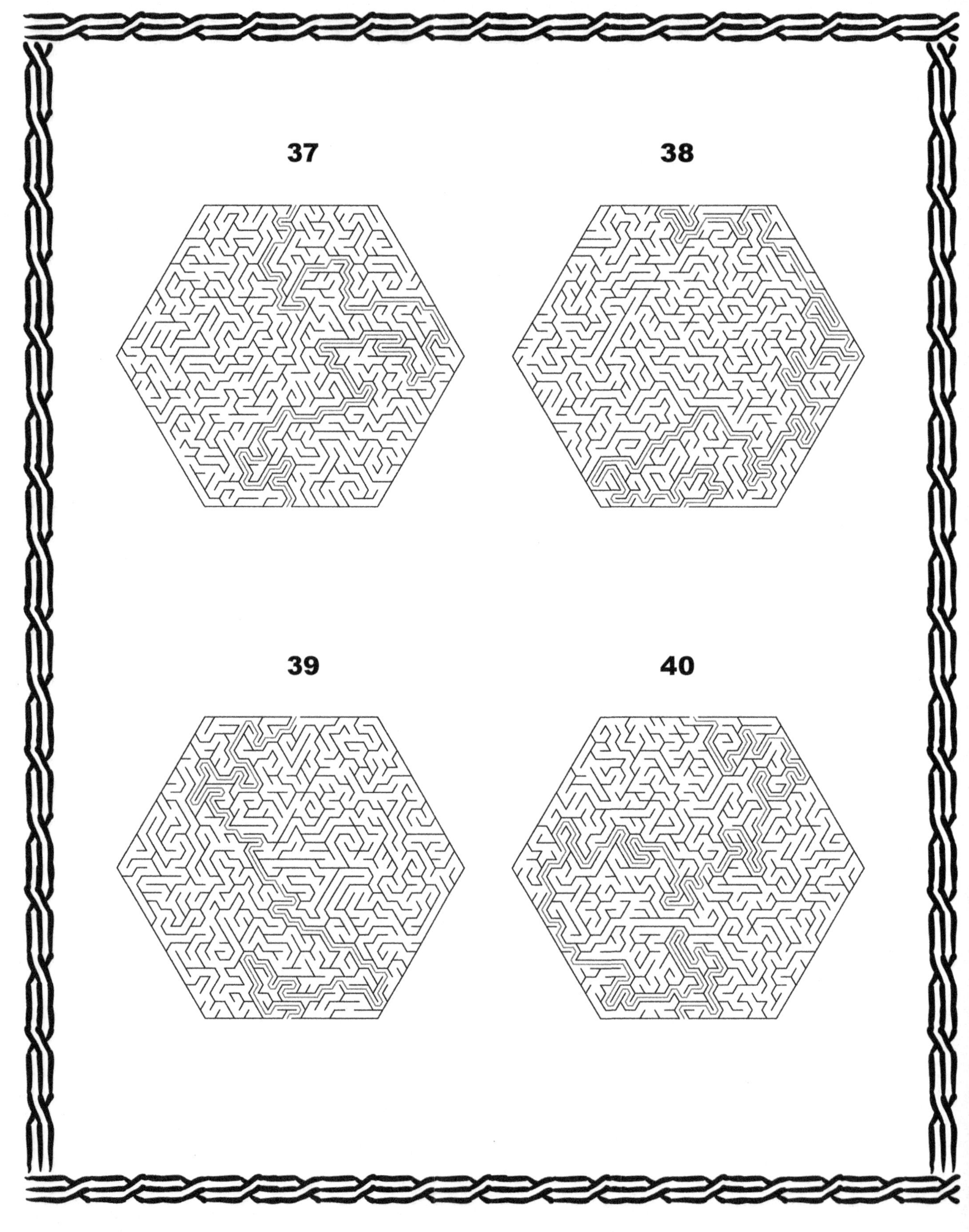

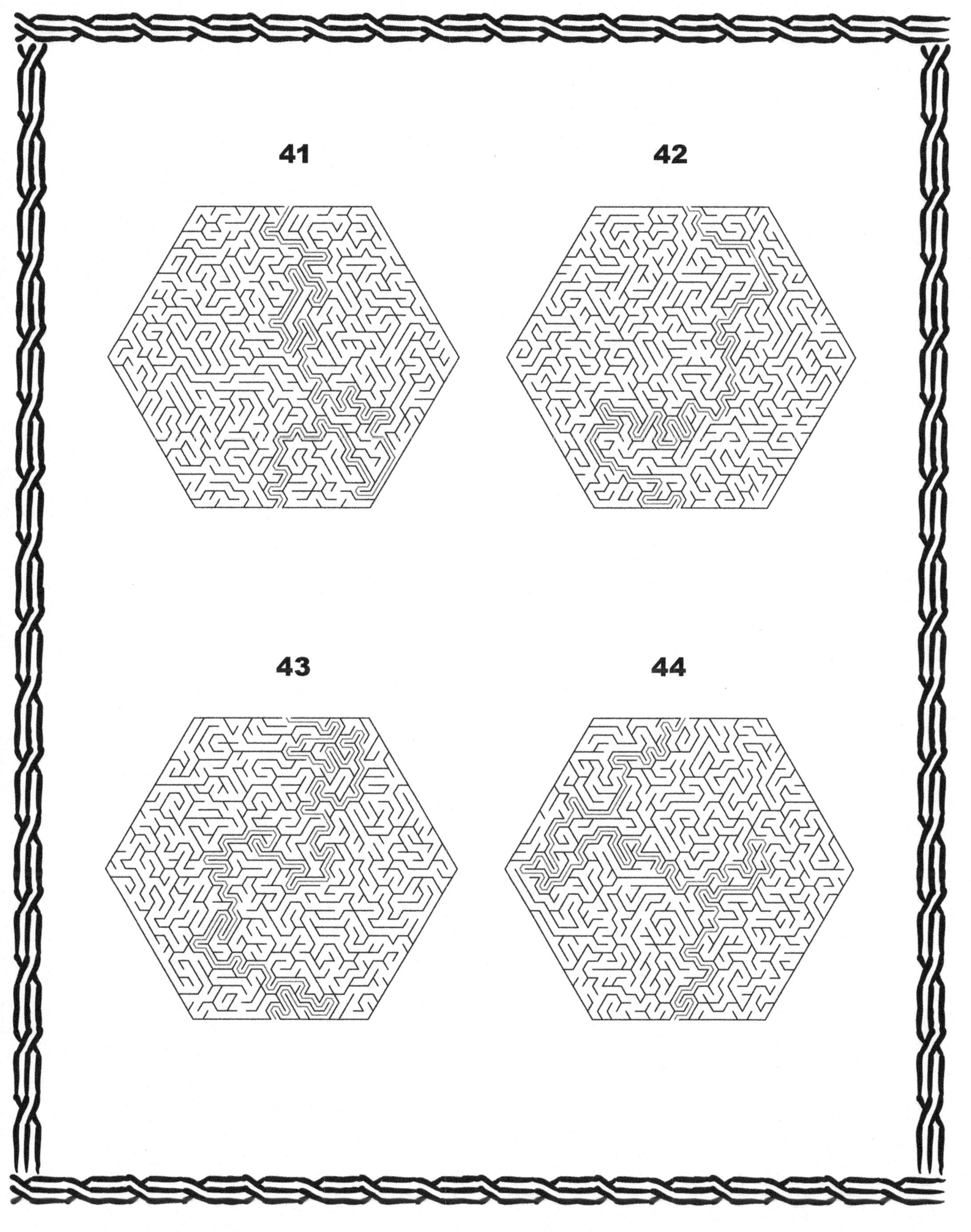

41
42
43
44

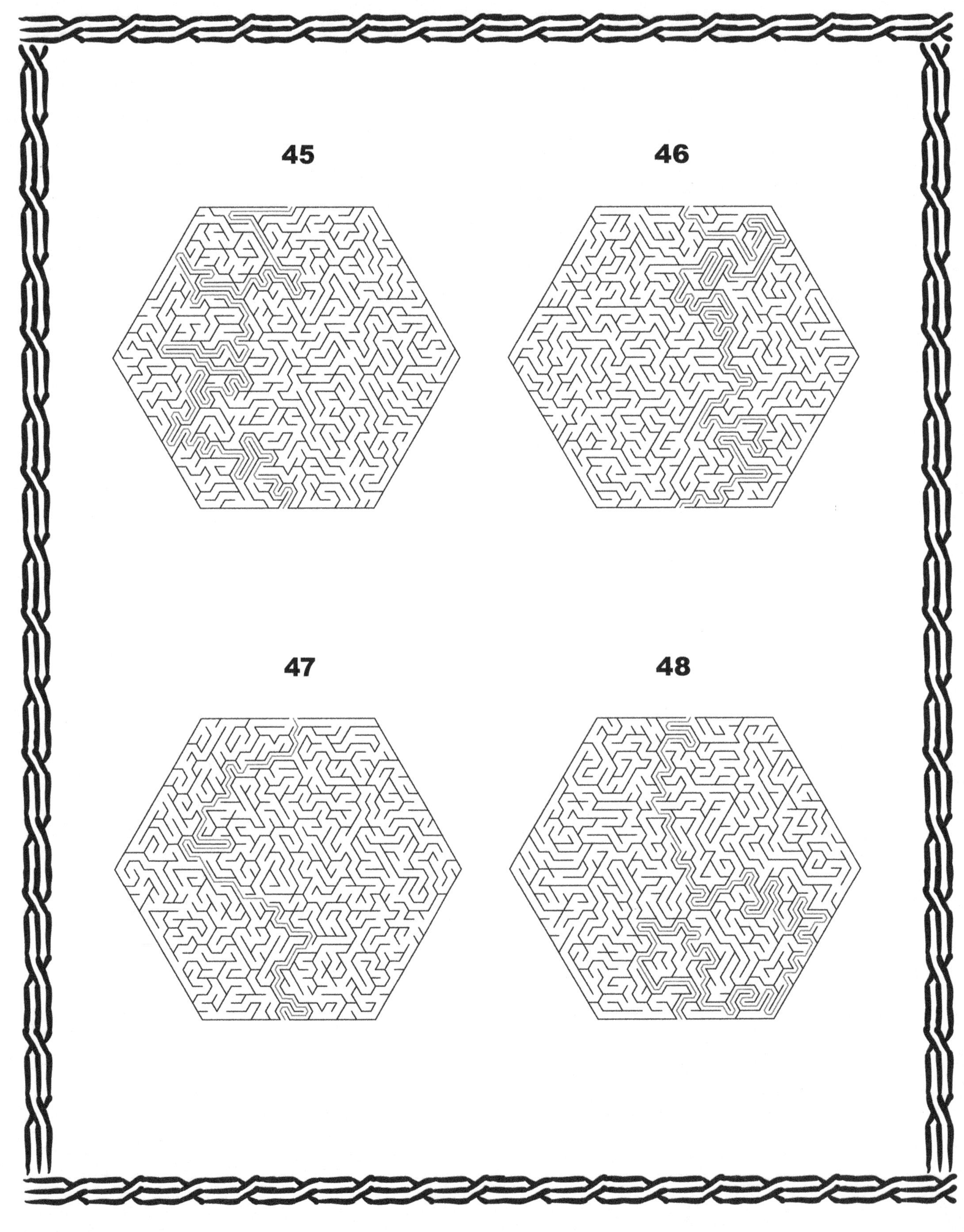

45
46
47
48

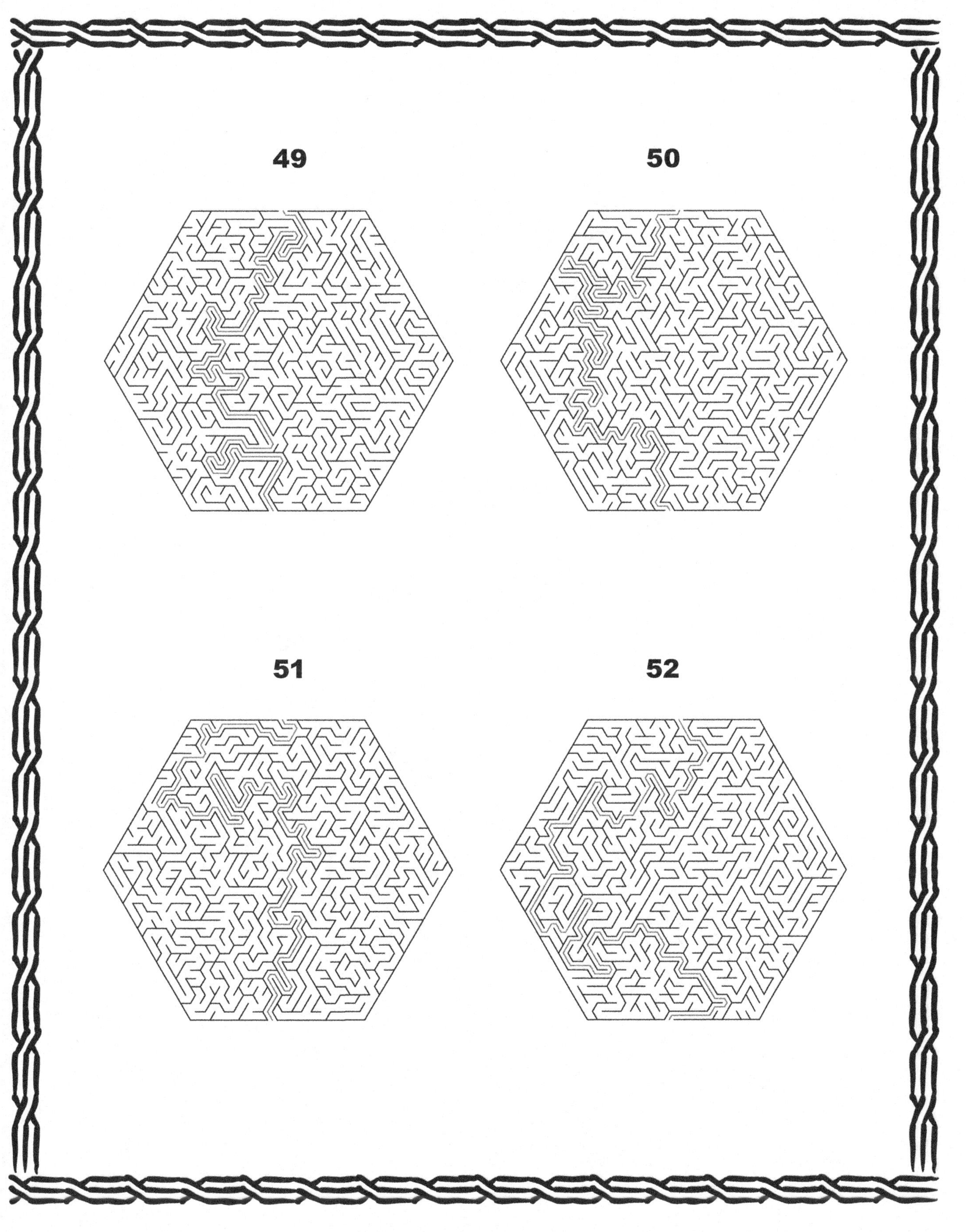

49
50
51
52

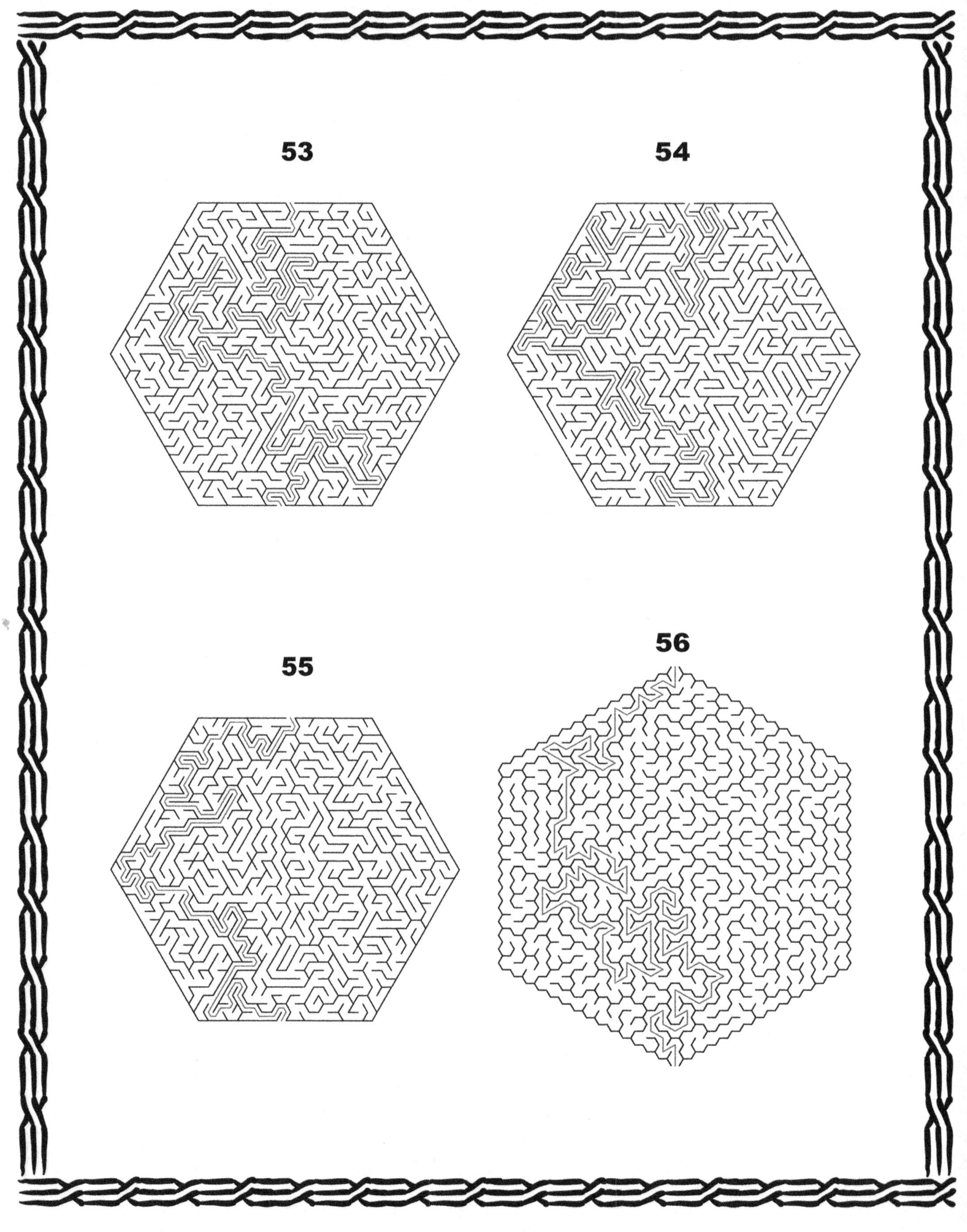

53
54
55
56

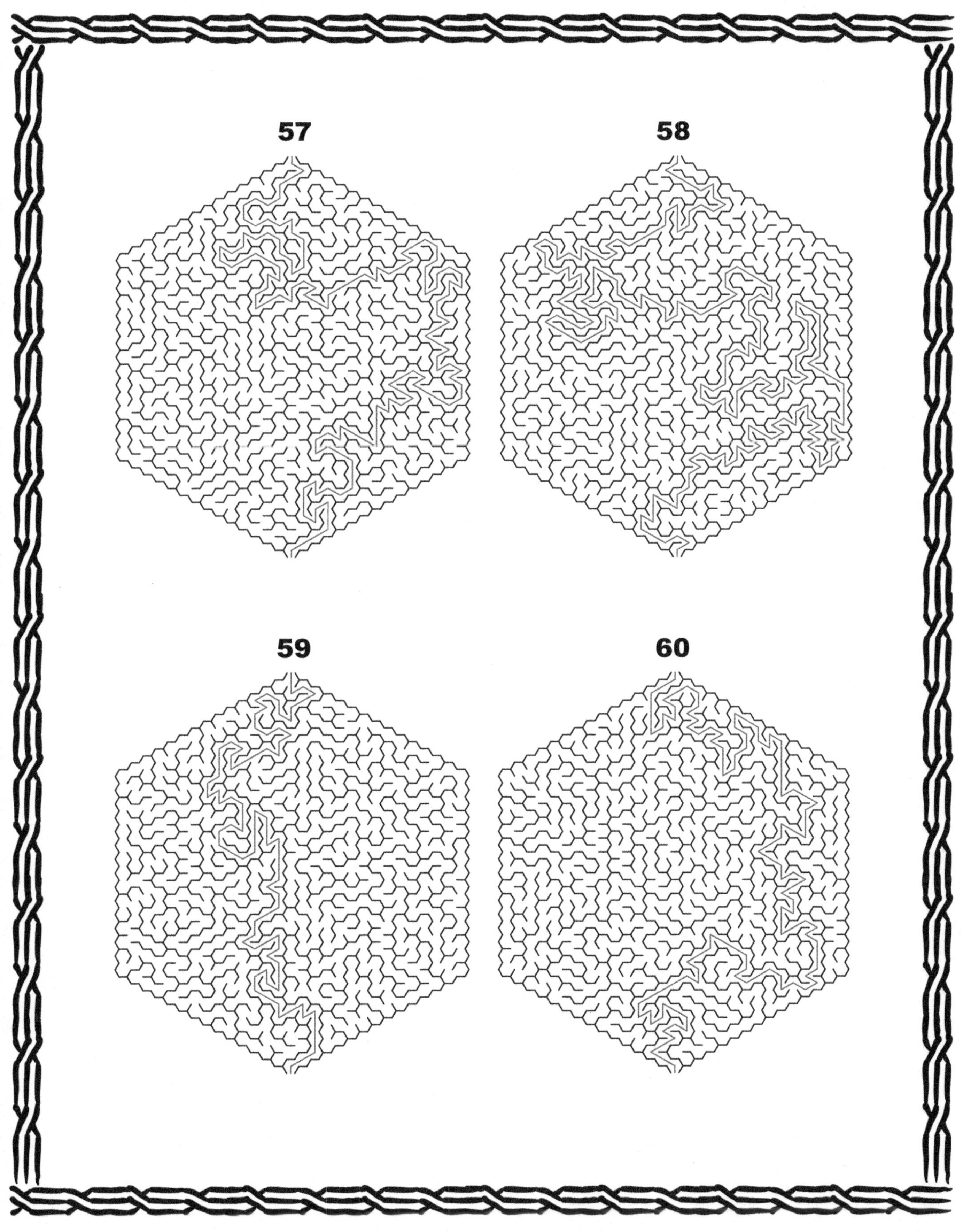

57
58
59
60

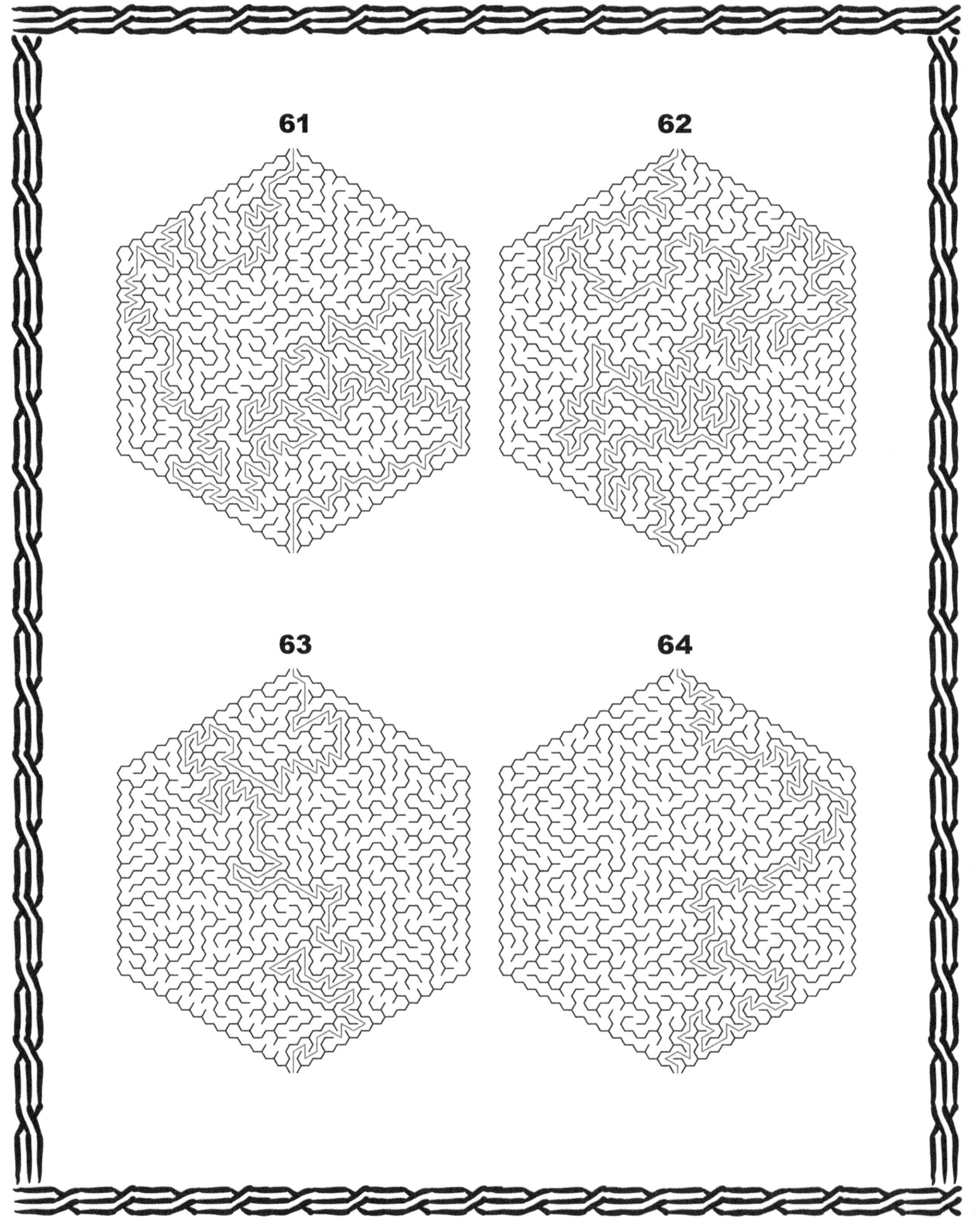

61
62
63
64

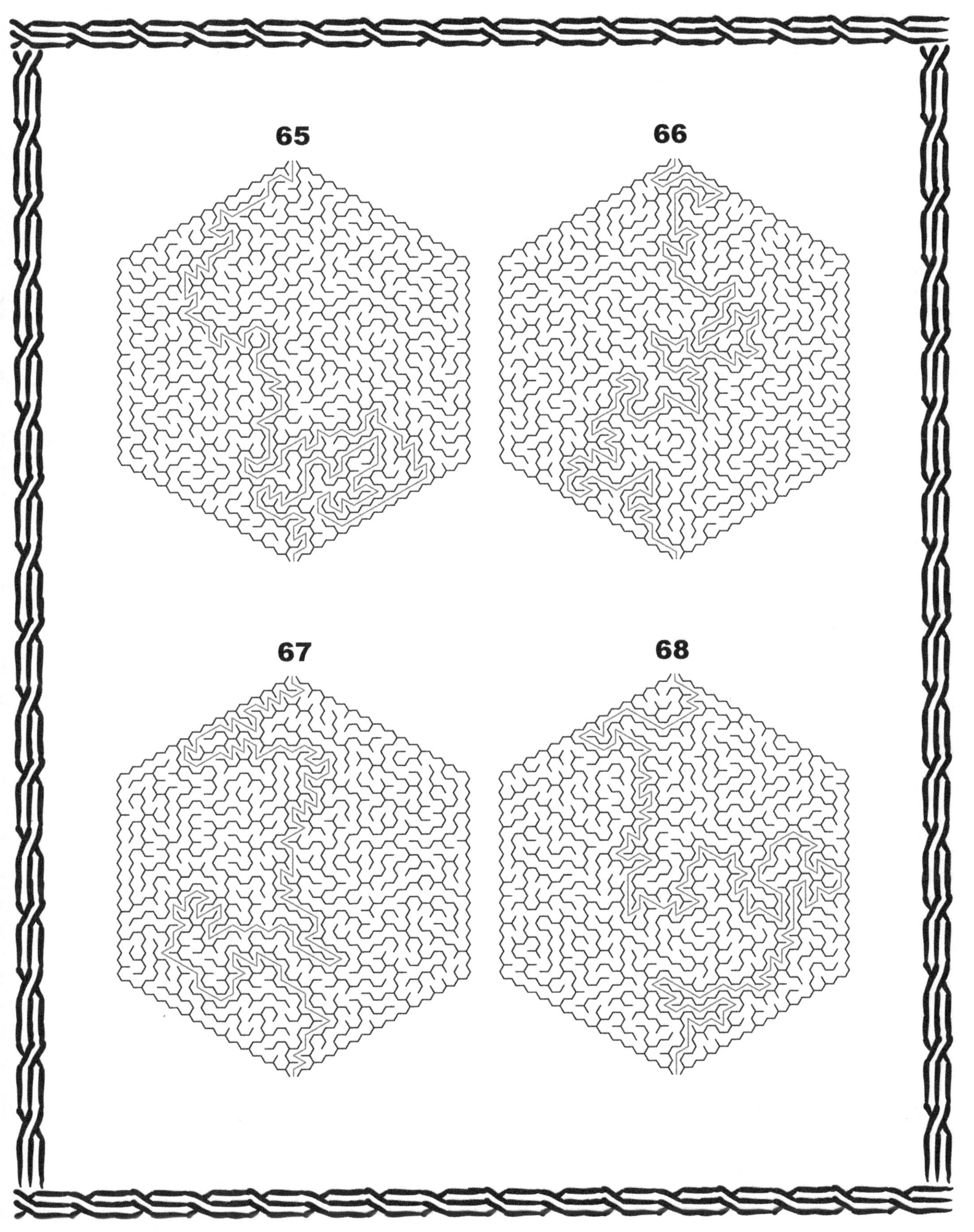

65
66
67
68

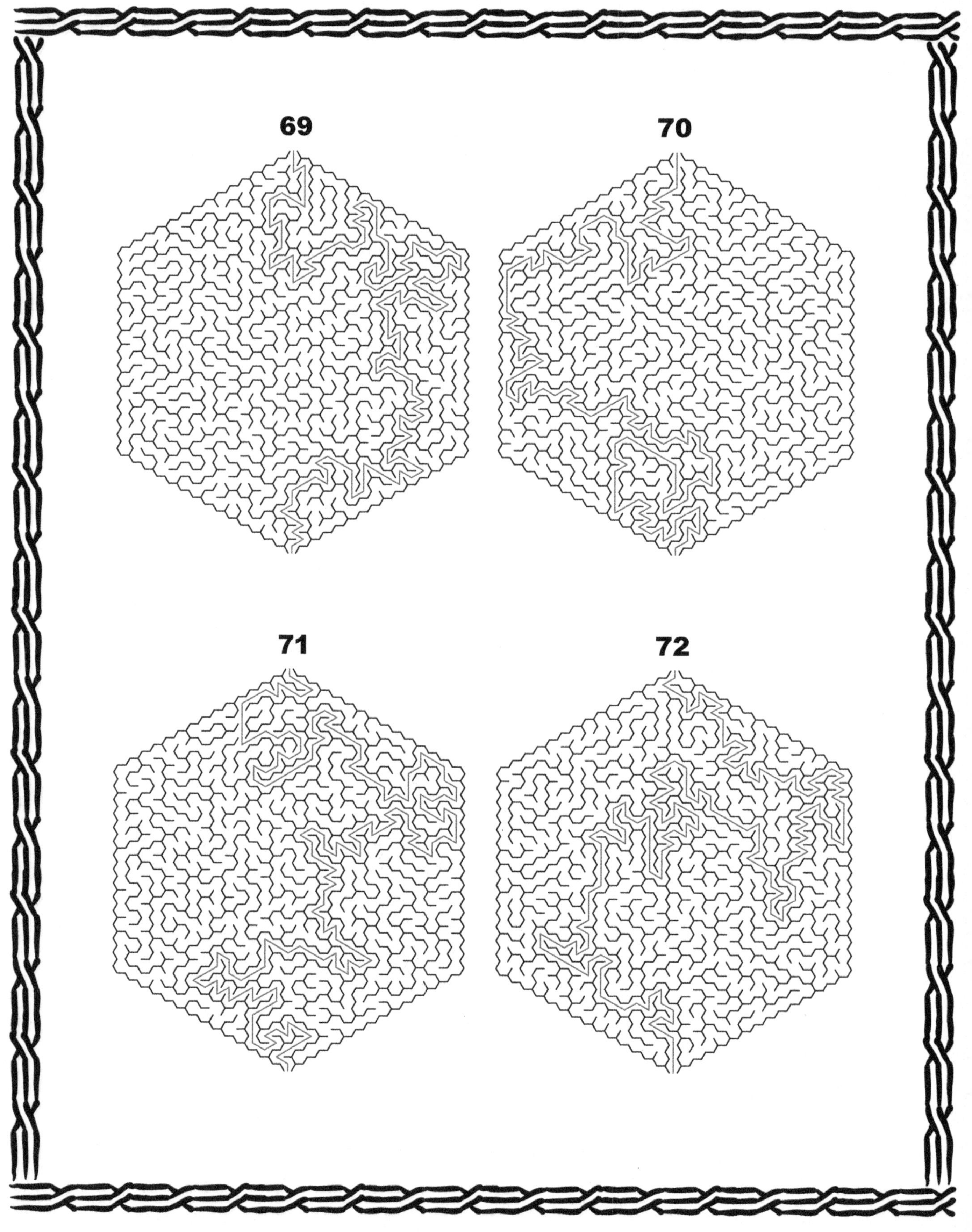
69
70
71
72

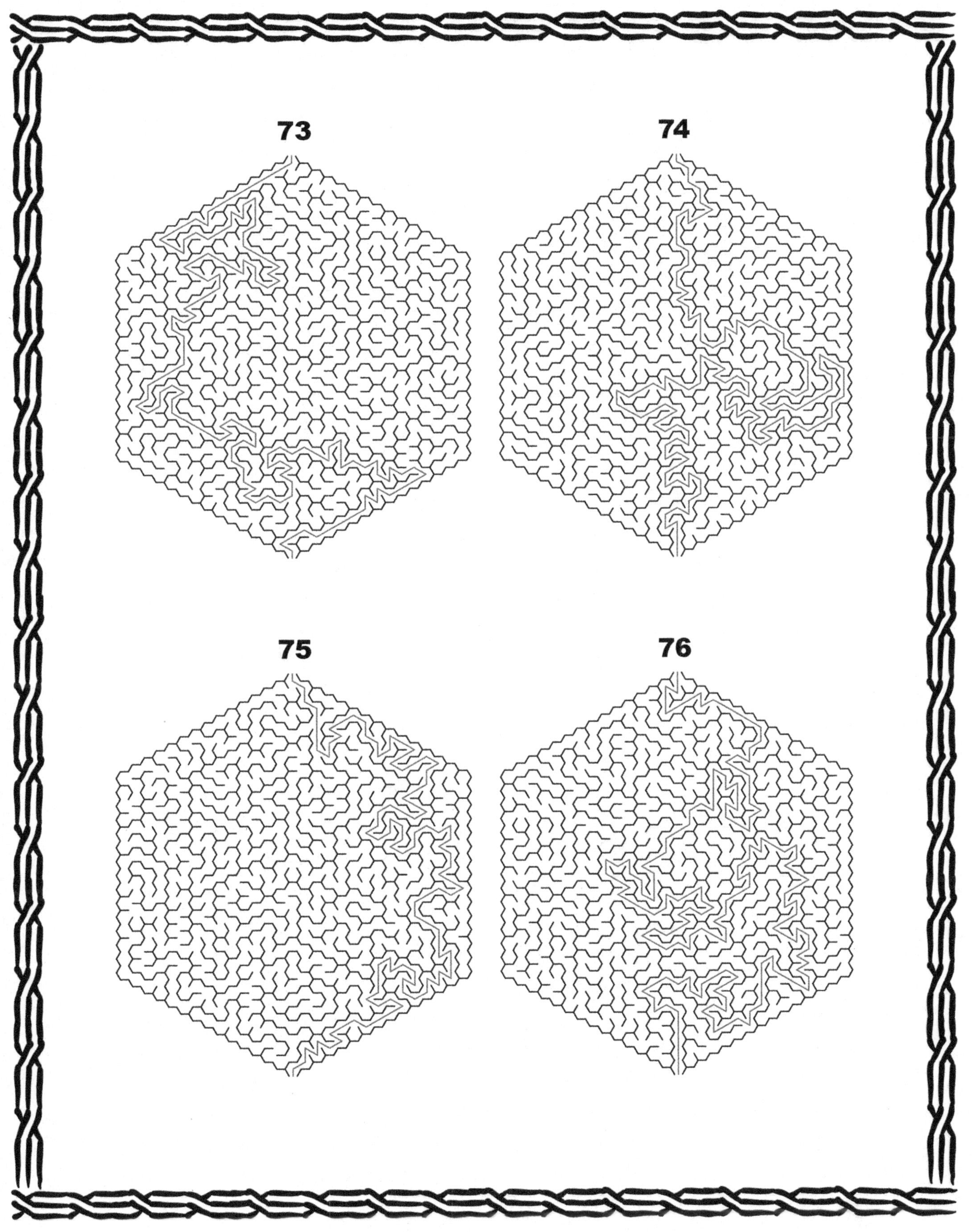

73
74
75
76

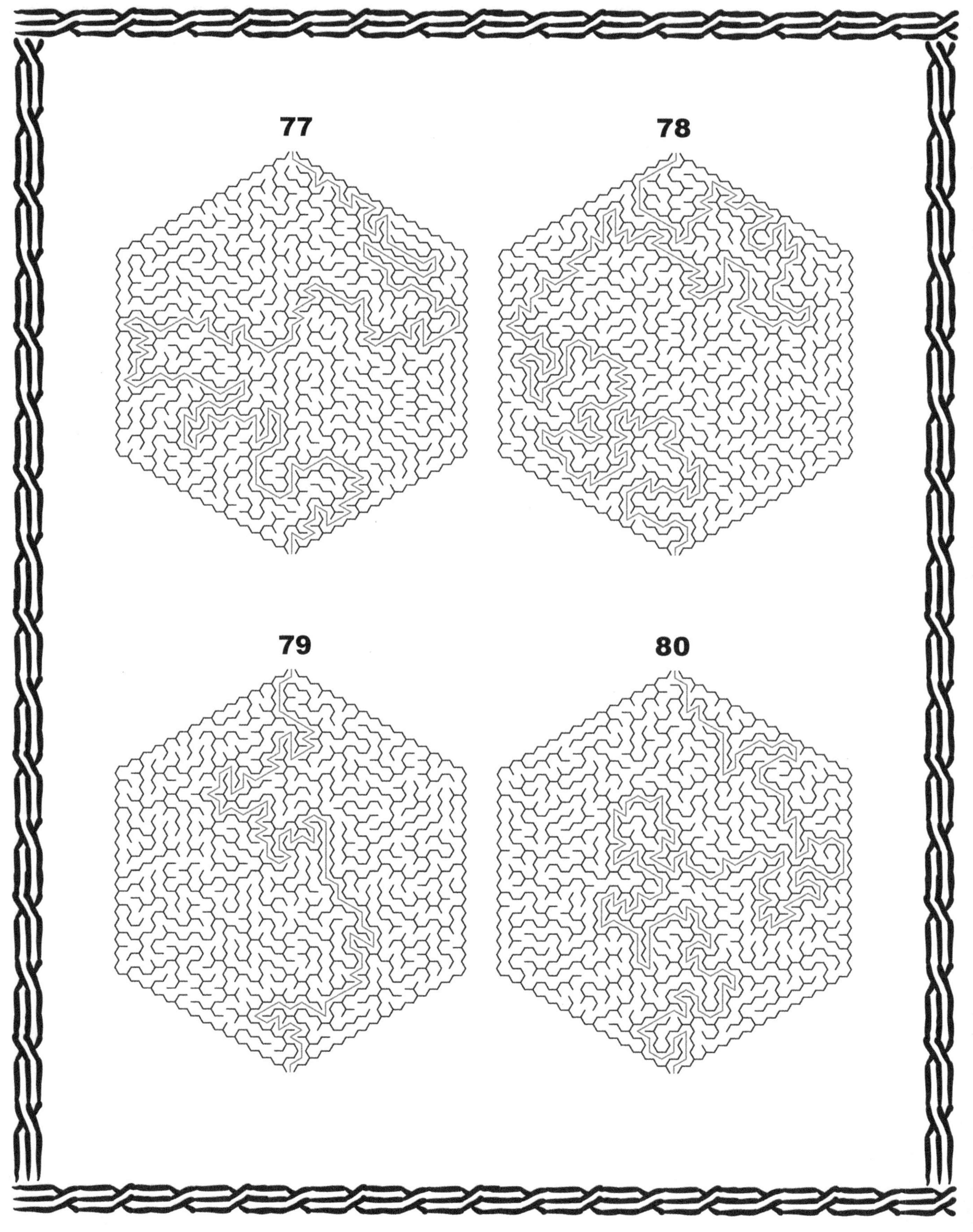

77
78
79
80

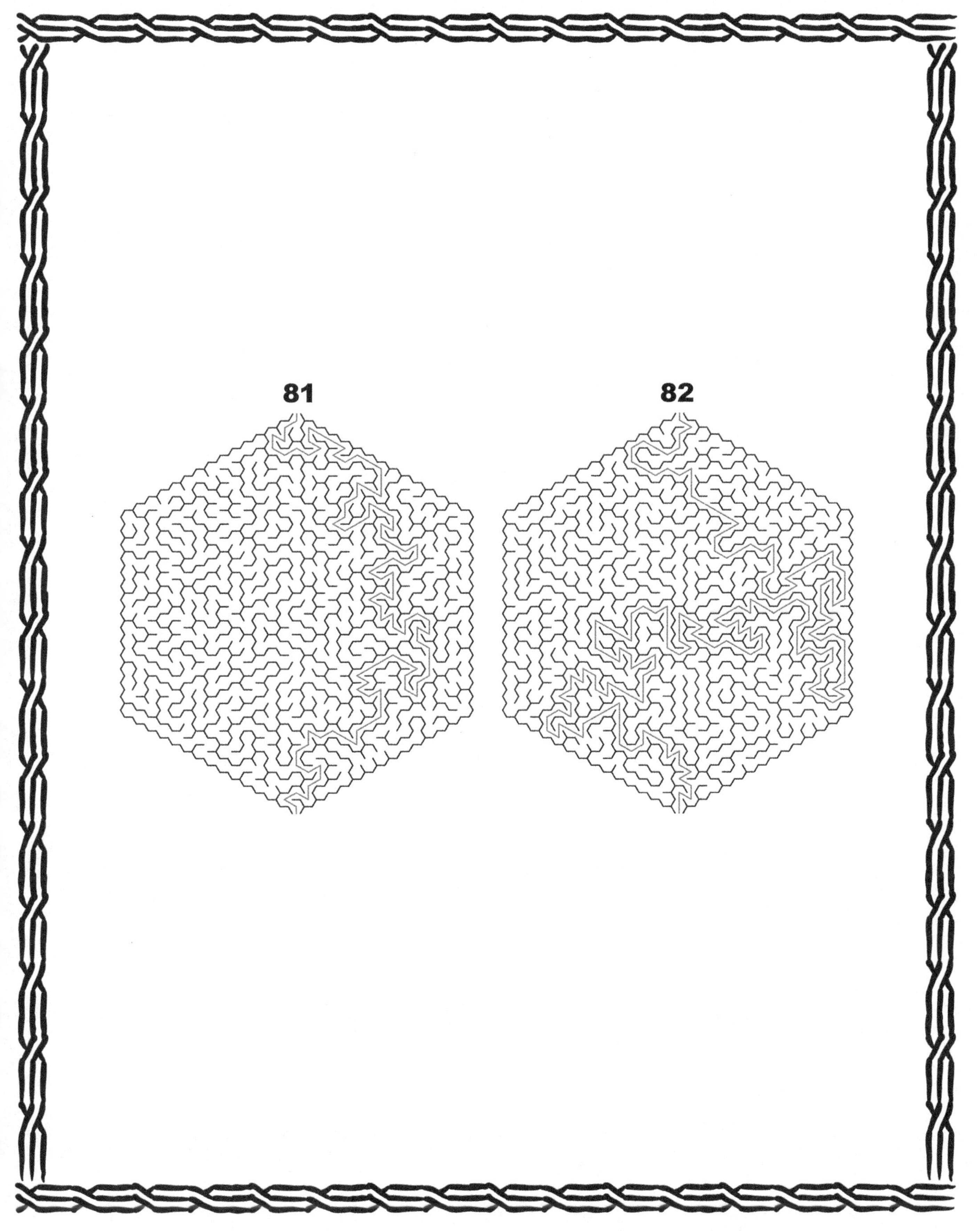

81
82

Made in the USA
Monee, IL
07 July 2026